CATALOGUE

DE LA

MISSION DE MACÉDOINE ET DE THESSALIE

PARIS

IMPRIMERIE DE L. TINTERLIN ET Ce

Rue Neuve-des-Bons-Enfants, 3

CATALOGUE

DE LA

MISSION DE MACÉDOINE
ET DE THESSALIE

DIRIGÉE PAR

M. LÉON HEUZEY

AVEC LA COOPÉRATION

DE M. DAUMET, ARCHITECTE

PARIS
MICHEL LÉVY FRÈRES, LIBRAIRES-ÉDITEURS,
RUE VIVIENNE, 2 BIS, ET BOULEVARD DES ITALIENS, 15,
A LA LIBRAIRIE NOUVELLE

1862

CATALOGUE

DE LA

MISSION DE MACÉDOINE ET DE THESSALIE

La Macédoine et les parties adjacentes de la Thessalie, de l'Épire, de l'Illyrie et de la Thrace, sur lesquelles s'étendit la domination macédonienne, n'avaient encore été l'objet d'aucune exploration, régulièrement organisée. Malgré les nombreuses dévastations qu'elles ont subies, ces contrées méritaient d'être interrogées à leur tour, à cause de la place qu'elles occupent dans les écrits des anciens, et de la nouveauté des renseignements qu'elles promettaient de fournir pour l'histoire politique et pour l'histoire de l'art. Au commencement de l'année 1861, l'Empereur chargea M. Léon Heuzey, ancien membre de l'École d'Athènes, d'en faire une étude particulière, et lui adjoignit, pour le seconder dans tous les travaux de la mission, M. Daumet, architecte, ancien pensionnaire de l'Académie de Rome. Les antiquités recueillies pendant le cours de cette expédition ont pu être rapportées en France, grâce au concours de la marine impériale, et réunies aux grandes collections acquises la même année par le gouvernement. Elles occupent, à l'angle nord-ouest du Palais de l'Industrie, derrière les galeries de peinture du Musée Campana, une salle octogone, au milieu de laquelle on a exécuté la reproduction exacte d'une chambre funéraire macédonienne, découverte près de l'ancienne ville de Pydna. Les fragments de sculpture et d'architecture, ainsi que les dessins dont M. Daumet est l'auteur, sont rangés dans le pourtour de la salle. Nous allons en donner une rapide description. Pour de plus amples détails, on peut consulter le Rapport général inséré au *Moniteur* du 13 avril 1862, et l'article de M. Alfred Maury, publié le 17 mai par le même journal.

I

FOUILLES DE PALATITZA. — PROPYLÉE MACÉDONIEN

Les nombreux fragments d'architecture qui occupent, à droite de la salle, le panneau du milieu, ont été trouvés dans les fouilles exécutées près de *Palatitza,* village moderne, situé sur la rive droite du fleuve Haliacmon, près de l'antique Berrhée de Macédoine et à une journée de la grande ville de Pella, capitale de Philippe et d'Alexandre. L'intérêt de ces débris vient de ce que ce sont les seuls restes, retrouvés en Macédoine, d'un édifice important appartenant à l'époque de la splendeur macédonienne. Ils montrent jusqu'à quel point les artistes de cette période si brillante, mais si peu connue, avaient déjà modifié les formes et les proportions chères aux contemporains de Périclès. On a pu reconnaître avec certitude que les ruines de

Palatitza appartenaient à une de ces entrées monumentales que les Grecs appelaient *Propylées*. Entre deux corps de bâtiment, disposés comme pour une habitation et présentant un front de soixante-dix mètres, s'ouvrait un passage central, décoré avec magnificence et divisé en plusieurs vestibules successifs par des rangs de pilastres et de colonnes. Les détails des ordres sont d'une perfection de travail qu'il est difficile d'attribuer à une époque moins reculée que le siècle d'Alexandre. Rien ne fait supposer que ces Propylées fissent partie de l'enceinte du temple; c'était plutôt l'entrée de quelque habitation royale, comme l'indique le nom moderne de *Palatitza*.

1.

Grand ordre ionique. — Chapiteau et base d'un pilastre, orné de deux demi-colonnes ioniques opposées.

Cette combinaison ingénieuse, dont on ne retrouve pas d'autre exemple, permettait à l'architecte d'obtenir de puissants supports, en réunissant la solidité du pilastre à l'élégance de la colonne. La pierre est un tuf gris tiré des montagnes voisines. La grossièreté de la matière n'a pas découragé l'ouvrier, qui a taillé ses moulures avec la dernière précision, en rajoutant des pièces aux endroits où il rencontrait des vides : ces défauts disparaissaient sous un enduit de stuc. La disposition des volutes, qui sont toutes *d'angle*, les filets droits qui les réunissent, les moulures très-simples qui entourent le chapiteau, la composition de la base, qui n'est décorée que d'un seul bourrelet, sont les traits principaux qui distinguent l'ionique de Palatitza de l'ionique employé au temps de Périclès. — Ces pilastres-colonnes décoraient le passage central des Propylées de Palatitza.

2.

Petit ordre ionique. — Chapiteau engagé dans un pilastre.

Diffère sensiblement du grand ionique ; les volutes ne sont pas *d'angle*, et la moulure qui les relie présente une légère courbure.

3.

Grand chapiteau ionique, se rapprochant du petit ionique, avec un ornement d'oves.

4.

Antéfixe qui surmontait la corniche. Divers fragments de tuiles trouvés dans les fouilles.

5.

Fragments d'un pilastre en marbre, orné de perles et de rais de cœur, d'une exécution moins soignée que les autres restes. Marbre de Berrhée.

6.

Fragments d'un petit bas-relief trouvé dans les fouilles. Femme tenant un serpent enroulé sur ses genoux, peut-être la déesse Hygie ou une bacchante macédonienne. Fragment d'une Pallas. Fleuve couché. Exécution négligée, travail grec, marbre de Berrhée.

7.

Ordre dorique. — Chapiteau et tambour d'une colonne engagée. Le chapiteau, beaucoup moins saillant et moins développé que celui du Parthénon, se rapproche du dorique de Pompéi. Tuf poreux, enduit de stuc.

8.

Fragments divers. — Débris de l'ordre dorique.

Morceau qui paraît appartenir à un ordre corinthien. Moulures peintes.

Dessins.

9.

Plan général des fouilles.

10.

Plan des ruines et de l'église byzantine qui les surmonte.

11.

Détails restaurés du grand ordre ionique.

12.

Détails restaurés du petit ordre ionique.

13.

Détails restaurés de l'ordre dorique.

II

FOUILLES DE PYDNA. — TOMBEAU MACÉDONIEN.

L'importante ville de *Pydna*, qui vit succomber devant ses murs la liberté macédonienne, n'est plus reconnaissable aujourd'hui qu'aux grandes tombes qui s'élèvent au bord de la mer, comme autant de collines artificielles. C'est dans un de ces tumulus qu'a été découverte la construction funéraire dont la partie principale, reproduite dans ses proportions exactes, avec sa voûte et toute sa décoration d'enduits coloriés, occupe le centre de la salle d'exposition. On a dû seulement pratiquer une ouverture, pour laisser voir l'intérieur du tombeau, et supprimer un long couloir en pente qui menait à la porte surmontée d'un fronton dorique. Le style purement grec de ce monument lui assigne une date antérieure à la bataille de Pydna. — La reproduction est de M. Desnuelles.

14.

Lits funèbres, décorés de feuillages et de figures d'animaux.

Marbre du pays, recouvert de stuc blanc; traces de couleur rouge. — Ces lits, sur lesquels on étendait les morts, se trouvaient dans la position où ils ont été replacés. Le plus beau, qui est orné d'un lion, a été recomposé avec les plaques mêmes trouvées dans le tombeau (il est en deux pièces); l'autre n'est qu'un moulage. Le lion n'est pas placé symétriquement au milieu, mais sous la tête ou sous les pieds du mort. La tête de cet animal a été sculptée à part dans un morceau de marbre, et rapportée dès l'antiquité. — L'usage macédonien de coucher les morts de noble race dans des chambres somptueuses, sur des lits de pierre qui reproduisaient l'image des lits antiques, ne se retrouve ni chez les Grecs ni chez les Romains; mais, par une singulière correspondance, c'était une coutume nationale en Étrurie. Le fameux tombeau étrusque ou lydien de la collection Campana (salle 16) nous présente non-seulement la même forme générale, mais aussi les mêmes détails d'ornementation que les lits macédoniens de Pydna. On peut voir aussi, sur plusieurs vases, des lits antiques d'une forme analogue. (Salle 18, n°s 784, 968.)

15.

Battant d'une porte de marbre, décorée de têtes de lion en bronze.

Le tombeau de Pydna avait deux portes de marbre ; trois autres battants brisés, retrouvés sous les terres, ont prouvé qu'il avait été violé à une époque ancienne. — La matière est un marbre gris, revêtu de stuc blanc. Des reliefs imitent les puissantes ferrures et les clous à large tête d'une porte antique. On peut voir une porte semblable figurée sur un bas-relief étrusque de la collection Campana (salle 15, nº 10). Les traces des gonds en bronze prouvent que ces battants de marbre étaient faits pour s'ouvrir, comme ceux des portes ordinaires.

16, 17.

Battants de porte en marbre, trouvés dans un autre tombeau macédonien, près de Palatitza.

Les portes de Palatitza, d'un style plus sévère et d'une plus belle exécution que celles de Pydna, appartiennent à une époque plus ancienne. Tous les détails de la seconde sépulture et de ses lits funèbres annoncent également une époque de plus grande perfection (voir les dessins nos 25 et 26).

La comparaison des deux monuments peut servir à démontrer l'antiquité et la perpétuité de cet usage des chambres funéraires chez les Macédoniens.

Dessins.

18.

Plan du tumulus de Pydna et de la construction souterraine.

19.

Coupe de la chambre sépulcrale, des vestibules et du couloir en pente.

20.

Fronton dorique restauré, avec la décoration peinte et la porte de marbre.

21.

Lit funèbre restauré.

22.

Petites coupes et détails.

23.

Tête de lion en bronze.

24.

Vue pittoresque du tumulus de Pydna.

25.

Façade ionique du tombeau de Palatitza, coupes et détails.

26.

Lit funèbre de Palatitza, restauré.

III

ANTIQUITÉS TROUVÉES SUR DIFFÉRENTS POINTS DE LA THRACE, DE LA MACÉDOINE ET DE LA THESSALIE.

La ville de *Philippes*, située dans cette partie de la Thrace qui devint bientôt une province macédonienne, est célèbre à la fois par le nom de son fondateur, par la lutte mémorable qui livra le pouvoir à Octave et à Antoine, et par les prédications de l'apôtre saint Paul, sans parler de l'exploitation des mines d'or et de l'importante colonie qu'y établirent les Romains. Ses ruines ont été, de la part de MM. Heuzey et Daumet, l'objet d'une étude prolongée.

Amphipolis, la grande colonie athénienne du Strymon, et *Thessalonique*, le principal port de la Macédoine, ont fourni aussi leur contingent d'antiquités grecques ou romaines.

La Thessalie reçut beaucoup plus tôt que la Macédoine l'influence de la Grèce civilisée. Les antiquités qu'on y rencontre prouvent que certaines villes, comme *Pharsale, Phères, Larisse,* s'associèrent de bonne heure au développement des arts. Sans doute elles ne virent pas naître chez elles les artistes qui les embellissaient ; mais les familles aristocratiques des Scopades et des Aleuades, qui appelaient dans leurs royales demeures les Pindare et les Simonide, ne manquèrent pas d'emprunter aussi aux libres cités de la Grèce des architectes et des sculpteurs choisis parmi les plus habiles.

27.

Inscription d'Opimius Felix, trouvée à Philippes, donnée par Husni-Pacha, gouverneur de Salonique. — P. Opimius Felix, citoyen romain de la colonie de Philippes, lègue à ses affranchis et à ses fermiers, ainsi qu'à ceux de la mère Tagina Quarta, surnommée Polla, les pièces de terre désignées sous le nom de *fundus Psychianus* et *fundus Æmilianus,* à la condition qu'ils ne sortiront pas de la famille et qu'ils prendront soin des tombeaux.

28.

Bas-relief trouvé à Amphipolis, représentant

une famille grecque. Sujet funéraire qui rappelle les stèles d'Athènes. Mutilé par les balles. Marbre de Paros.

29.

STATUETTE EN MARBRE, trouvée à Amphipolis, analogue aux figures de terre cuite que les anciens plaçaient dans les tombeaux.

30.

MUSE ASSISE, statue en marbre, provenant du théâtre de Philippes; donnée par Husni-Pacha.

31.

Dessin. — Vues d'Amphipolis et du fleuve Strymon.

32.

Dessin. — Les Thermes de Philippes et le mont Pangée. Aquarelle.

33.

Dessin. — Figure de Diane, avec les attributs

de déesse lunaire, sculptée sur les rochers de Philippes. Ex-voto consacré par Galgesta Primilla, au nom de sa fille, sans doute pour la guérison d'un mal d'yeux. Près de l'inscription sont gravés des yeux et un croissant.

34.

Bas-relief de la Dame au Parasol, trouvé à Salonique. Stèle funéraire gréco-romaine consacrée par Eutychis, femme de Faustus, à Maximus et Domitia Zosimé, ses parents. L'intérêt de ce monument est dans la représentation, très-rare, surtout en sculpture, d'un parasol antique. Comparez une peinture romaine de la collection Campana (salle 14, nº 18). Le droit de se faire porter le *skiadion*, dans certaines processions religieuses, était probablement, à Thessalonique comme à Athènes, un privilége réservé aux femmes des seuls citoyens; cet usage se serait perpétué jusque sous l'Empire.

35.

Cavalier thessalien. — Petit bas-relief funéraire trouvé à Pélinna, en Thessalie. Style grec un peu archaïque. Le casque, en forme de bonnet phrygien, est remarquable. On trouve un casque semblable parmi les bronzes étrusques de la collection Campana. (Salle 14. Vitrine de gauche.)

36.

Apparition des Dioscures. — Stèle votive trouvée à Larissa, en Thessalie ; elle est consacrée, selon l'inscription, par Danaa, aux *Grands Dieux*, titre qu'on donnait, dans les invocations, à Castor et à Pollux. Dans le fronton de la stèle, Phœbus, sur un char à quatre chevaux, figure le soleil levant. Les Dioscures passent à cheval dans les airs ; au-dessous d'eux plane une Victoire, qui semble venir couronner, de leur part, le vœu de Danaa. On a dressé pour les dieux un lit de parade, avec deux coussins et une couverture, usage qui rappelle le *lectisternium* des Romains. Devant le lit, est une table avec trois pains, et devant la table, un autel, sur lequel un homme fait une libation, tandis qu'une femme, la main levée vers les deux divinités, paraît les invoquer.

37.

Famille macédonienne. — Bas-relief en marbre, trouvé à Eané, aujourd'hui Caliani, dans la

Haute-Macédoine. Sujet funéraire ; l'attitude assise est à la fois une image du repos et une marque de la dignité de demi-dieu que le mort a prise vis-à-vis de sa famille. Monument intéressant par la reproduction du chapeau antique et du cordon qui servait à l'attacher. Exécution assez barbare, mais conforme à la tradition grecque.

38.

Dessins. — Panorama de la plaine de Pharsale, aquarelle. Différentes vues de la ville moderne de Phersala et de l'acropole antique.

39.

Dessin. — Guerrier romain ; fragment de bas-relief trouvé à Pydna.

40.

(A gauche de la salle en entrant.)

DEUX FEMMES TENANT DES FLEURS. — Bas-relief grec, de vieux style, trouvé à Pharsale. Brisé à moitié. Marbre de Paros.

Une femme et une jeune fille, la tête ceinte d'un

bandeau (*sphendoné*) arrangé avec un soin curieux et selon quelque mode ancienne de la Thessalie, semblent s'offrir l'une à l'autre des fleurs et un autre objet, qui paraît être un fruit. La complète ressemblance des costumes n'annonce pas des divinités. Mais quelle est l'action exprimée par le geste différent et soigneusement étudié des deux femmes ? Est-ce quelque cérémonie du culte des morts? L'artiste a-t-il voulu exprimer une allégorie morale, ou représenter les douces occupations de ce loisir que les bienheureux trouvaient dans les Champs-Élysées?... Ce qui n'est pas douteux, c'est que ce monument est l'œuvre d'un art déjà très-avancé, et l'on y démêle, sous la grâce un peu étrange des vieux maîtres, une élévation de style qui touche de près à la grande sculpture grecque.

41.

Dessin. — Autres sculptures archaïques trouvées à Pharsale.

42.

Inscription grecque trouvée à Phérès, aujourd'hui Velestino, en Thessalie. Liste d'esclaves affranchis. La partie intéressante de l'inscription est sur la tranche; on y lit : « L'année..... du règne de César Auguste, fils de César Dieu, liste de ceux qui ont payé à la ville, pour leur affranchissement, la somme de 15 statères, valant, selon le *redressement*, 22 deniers 1/2. » C'est la réduction officielle des monnaies grecques en monnaies romaines.

43.

Dessin. — Intérieur de l'église de Koroni, dans le Pinde.

44.

Dessins (rangés sur la paroi de gauche du tombeau macédonien). — Les MÉTÉORES, fameux rochers de la haute vallée du Pénée, et couvents suspendus, où l'on ne parvient qu'en se faisant hisser avec un câble dans un filet. On comptait autrefois vingt-quatre de ces couvents; il n'en reste plus que sept. — Églises de Porta et de Kalabaka, voisines des Météores.

IV

ANTIQUITÉS DE L'ILLYRIE ET DE L'ÉPIRE.

Sur la côte de l'Adriatique, la Mission a étudié particulièrement deux cités maritimes de premier ordre, *Apollonie* et *Dyrrachium*. Grâce à une position excellente en face de l'Italie, sur le double embranchement de la route militaire qui mettait Rome en communication avec l'Orient, ces deux anciennes colonies de Corinthe ont joui d'une fortune qui n'a fait que grandir avec la domination romaine. Aujourd'hui, elles gardent, jusque dans leurs débris, un caractère différent, qui répond au rôle qu'elles ont joué dans l'histoire. A Dyrrachium on retrouve partout le souvenir de la race conquérante; la colonie romaine a presque entièrement effacé les traces plus anciennes. Les ruines d'Apollonie présentent, au contraire, l'image d'une ville qui a gardé, pendant toute l'antiquité et même sous la domination étrangère, les traditions de la vie hellénique. Cependant les fragments qui en proviennent, portent presque tous la marque d'un style moins sévère que les monuments du siècle de Périclès.

A ces fragments, MM. Heuzey et Daumet ont joint quelques restes provenant de la grande ville de *Nicopolis*, bâtie par Auguste entre les eaux du golfe d'Ambracie et la mer Ionienne, sur l'emplacement même qu'occupait son camp, la veille d'Actium.

45.

SARCOPHAGE ROMAIN venant de Nicopolis, donné par M. Périclès Conéménos, vice-consul de France à Prévéza, en Épire.

46.

FRAGMENT D'UN AUTRE SARCOPHAGE, orné d'entrelacs grecs et d'une figure de lion. Même provenance.

47.

Dessin. — Statue dessinée à Nicopolis.

48.

Dessins. — Vue générale des ruines de Nicopolis, à l'aquarelle. Différentes vues des théâtres et des autres monuments.

49.

Dessins. — Église byzantine d'Arta, en Épire (l'ancienne Ambracie).

50.

ANTÉFIXE EN MARBRE trouvé à Apollonie. Il est orné de deux danseuses, encadrées dans les enroulements d'une palmette. C'était le couronnement de quelque petit édifice. Style grec, légèrement archaïque.

51.

TÊTE DE LION EN MARBRE, provenant de la corniche d'un temple. Elle servait pour l'écoulement des eaux, comme les gargouilles de nos églises. Style grec. Apollonie.

52.

PETITS CHAPITEAUX DORIQUES. Montrent que

cet ordre était employé par les anciens dans les plus petites constructions. Apollonie.

53.

Atlante en pierre. Ces cariatides, dont on retrouvera le modèle complet reproduit en terre cuite dans la collection Campana (salle 16), servaient à supporter les architraves d'un portique, ou tenaient lieu d'un ordre supérieur dans quelque grand monument d'Apollonie.

54.

Petit chapiteau ionique, très-particulier de forme; se rapproche de l'ionique de Palatitza. Apollonie.

55.

Corniche avec tête de lion, en pierre. Remarquez l'alliance de la grecque dorique avec les feuillages corinthiens. Apollonie.

56.

Tête de femme voilée. Style grec. Marbre de

Paros. La figure est taillée pour s'ajuster à un monument. Le nez est restauré. Apollonie.

57.

CAVALIER GREC, armé de la sarisse à double pointe. Stèle en pierre. Apollonic.

58.

Dessin. Autre cavalier. L'intérêt de ce bas-relief est dans la représentation d'une selle antique. Travail grec, malgré les incorrections de quelques détails. En pierre. Apollonie.

59.

STATUES DÉCORATIVES, représentant des hiérodules ou femmes attachées au service des temples. Travail romain. Dyrrachium.

60.

FRISE décorée de guirlandès et de têtes de bœuf. Dyrrachium.

61.

Inscription honorifique d'Epidamnus Syrus, chevalier romain, préfet perpétuel du Collége des ouvriers charpentiers. Dyrrachium.

62.

Inscription d'un aquéduc élevé à Dyrrachium par les ordres d'Adrien, réparé par Alexandre Sévère, en même temps que la portion de la voie romaine voisine de la colonie.

63.

Guerriers dalmates ou illyriens, dans l'attitude du combat. Bas-reliefs en pierre, ayant servi à la décoration de quelque édifice; intéressants par le détail des armes, des costumes. Exécution barbare, mais qui ne manque pas d'énergie. Les sculptures originales sont encastrées dans la muraille de Durazzo. Les reproductions ont été obtenues à l'aide des moules en papier, par l'ingénieux procédé de M. Lottin de Laval, qui a bien voulu exécuter lui-même l'opération du moulage en plâtre.

64.

Dessin. Victoire et trophées d'armes. Bas-relief romain. Dyrrachium.

65.

Dessin. Tête de Méduse. Dyrrachium.

66.

Dessins. Fragment d'un bas-relief grec, provenant de l'antique cité d'Epidamne. Personnage invoquant des divinités.—Tête de femme romaine.

67.

Dessin. Vue à l'aquarelle de Durazzo (anciennement Dyrrachium et Epidamne).

FIN

CATALOGUE

DE

MICHEL LÉVY

FRÈRES

LIBRAIRES-ÉDITEURS

ET DE

LA LIBRAIRIE NOUVELLE

PREMIÈRE PARTIE

Nouveaux ouvrages en vente. — Ouvrages divers, format in-8°
Bibliothèque contemporaine, format grand in-18. — Bibliothèque nouvelle.
Œuvres complètes de Balzac. — Collection Michel Lévy, format gr. in-18
Bibliothèque des Voyageurs, in-32. — Collection Hetzel et Lévy, in-32
Ouvrages illustrés. — Musée littéraire contemporain, in-4°
Brochures diverses. — Ouvrages divers

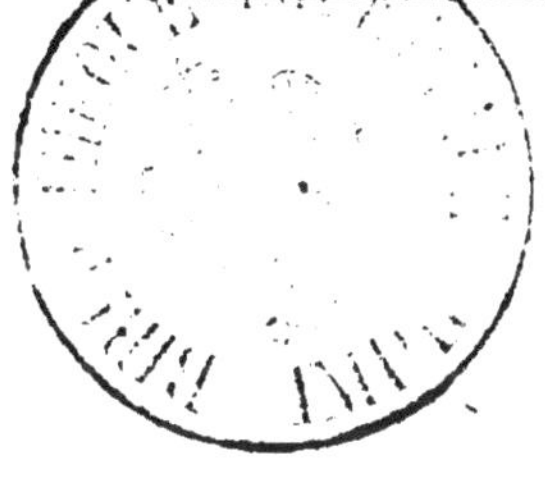

RUE VIVIENNE, 2 BIS
ET BOULEVARD DES ITALIENS, 15
PARIS

JUIN — 1862

NOUVEAUX OUVRAGES EN VENTE

Format in-8°

F. GUIZOT fr. c.

MÉMOIRES POUR SERVIR A L'HISTOIRE DE MON TEMPS, tome V. — 1 vol. 7 50

WILLIAM PITT ET SON TEMPS, par *lord Stanhope*, traduit de l'anglais, avec une introduction. — 2 vol. . 12 »

J. B. BIOT
de l'Institut

ÉTUDES SUR L'ASTRONOMIE INDIENNE ET SUR L'ASTRONOMIE CHINOISE. — 1 vol. avec 2 cartes 7 50

LE Cte A. DE GASPARIN

L'AMÉRIQUE DEVANT L'EUROPE, Principes et Intérêts. — 1 vol. . . . . 6 »

J. AUTRAN

LE POÈME DES BEAUX JOURS. — 1 vol. 5 »

EDGAR QUINET

HISTOIRE DE LA CAMPAGNE DE 1815. — 1 vol. avec une carte. 7 50

PRÉVOST-PARADOL

NOUVEAUX ESSAIS DE POLITIQUE ET DE LITTÉRATURE. — 1 vol. 7 50

DUVERGIER DE HAURANNE

HISTOIRE DU GOUVERNEMENT PARLEMENTAIRE EN FRANCE (1814-1848). — Tome V. 1 vol. 7 50

CHARLES LAMBERT

LE SYSTÈME DU MONDE MORAL. — 1 vol. 7 50

J. SALVADOR

HISTOIRE DES INSTITUTIONS DE MOÏSE ET DU PEUPLE HÉBREU. — *3e édit., revue et augmentée d'une introduction.* — 2 vol. . . . . 15 »

L'AUTEUR
des Souvenirs de Mme Récamier.

COPPET ET WEIMAR. — MADAME DE STAEL ET LA GRANDE DUCHESSE LOUISE. — Récits et Correspondances. — 1 vol. 7 50

LOUIS REYBAUD

ÉCONOMISTES MODERNES : Cobden. — Bastiat. — Michel Chevalier — John Stuart Mill. — Léon Faucher. — Rossi. — 1 vol. 7 50

J. J. AMPÈRE
de l'Institut

L'HISTOIRE ROMAINE A ROME. — 2 vol. avec des plans topographiques de Rome à diverses époques. . . . . 15 »

MORTIMER-TERNAUX

HISTOIRE DE LA TERREUR, 1792-1794, d'après des documents authentiques et inédits. Tomes I et II. — 1 vol. 12 »

LOUIS DE VIEL-CASTEL

HISTOIRE DE LA RESTAURATION. — Tome V. — 1 vol. . . . . . . 6 »

Format gr. in-18 à 3 fr. le vol.

AUGUSTE MAQUET vol.

LES VERTES-FEUILLES 1

St-RENÉ TAILLANDIER

LA COMTESSE D'ALBANY. 1

JULES GÉRARD
le Tueur de lions

VOYAGES ET CHASSES DANS L'HIMALAYA. 1

EL. DUFOUR

LES GRIMPEURS DES ALPES. — Peaks, Passes and glaciers. — Traduction. 1

MAX VALREY

CES PAUVRES FEMMES ! 1

CH. MAGNIN

HISTOIRE DES MARIONNETTES EN EUROPE DEPUIS L'ANTIQUITÉ JUSQU'A NOS JOURS. 2e *éd., revue et corrigée.* 1

A. DE PONTMARTIN

LES JEUDIS DE Mme CHARBONNEAU. — 2e *édition*. 1

CHARLES HUGO

UNE FAMILLE TRAGIQUE. 1

ALFRED ASSOLLANT

D'HEURE EN HEURE 1

PRÉVOST-PARADOL

QUELQUES PAGES D'HISTOIRE CONTEMPORAINES. — Lettres politiques. 1

UN INCONNU

MONSIEUR X ET MADAME ***. 1

ROGER DE BEAUVOIR

LES MEILLEURS FRUITS DE MON PANIER. 1

CHARLES EDMOND

SOUVENIRS D'UN DÉPAYSÉ. 1

H. BLAZE DE BURY

LE CHEVALIER DE CHAZOT, Mémoires du temps de Frédéric-le-Grand. . . 1

BIBLIOTHÈQUE NOUVELLE

Format gr. in-18, à 2 fr. le vol.

JULES NORIAC

LE 101e RÉGIMENT. — *Nouv. édition.* 1

LA BÊTISE HUMAINE. — *Nouv. édition* 1

VICTORIEN SARDOU

LA PERLE NOIRE, roman 1

MAXIME DUCAMP

L'HOMME AU BRACELET D'OR. 1

LE CHEVALIER DU CŒUR SAIGNANT. . . 1

AUGUSTE MAQUET vol.

DETTES DE CŒUR. — *Nouv. édition.* 1

ROGER DE BEAUVOIR

LES ŒUFS DE PAQUES. 1

AMÉDÉE ACHARD

BELLE-ROSE. — *Nouvelle édition.* . . 1

NELLY. 1

OUVRAGES DIVERS

Format in-8

EDMOND ABOUT

fr. c.

LA QUESTION ROMAINE. — 2e *Édition, revue et corrigée, augmentée d'une nouvelle préface.* 1 vol. . 5 »

ROME CONTEMPORAINE. — 3e *édition.* — 1 vol. . . . . 5 »

J. J. AMPÈRE

de l'Académie française

CÉSAR, scènes historiques. 1 vol. . . 7 50

L'HISTOIRE ROMAINE A ROME, avec des plans topographiques de Rome à diverses époques. — 2 vol. . . 15 »

PROMENADE EN AMÉRIQUE. — États-Unis. — Cuba. — Mexique. — 3e *édition.* — 2 vol. . . . . . . 12 »

***

MADAME LA DUCHESSE D'ORLÉANS, HÉLÈNE DE MECKLEMBOURG-SCHWERIN. 6e *édition.* 1 vol. . . 6 »

***

ALESIA, Étude sur la septième campagne de César en Gaule. Avec deux cartes (Alise et Alaise). — 1 vol. . . . . 6 »

***

LES TRAITÉS DE 1815. — 1 vol. . . . 2 »

AUTRAN

LE POÈME DES BEAUX JOURS. — 1 vol. 5 »

J. BARTHÉLEMY SAINT-HILAIRE

LETTRES SUR L'ÉGYPTE. 1 vol. 7 50

L. BAUDENS

Inspecteur, membre du Conseil de santé des armées de terre et de mer.

LA GUERRE DE CRIMÉE. — Les campements, les abris, les ambulances, les hôpitaux, etc. — 1 vol. . . . . 6 »

IS. BÉDARRIDE

LES JUIFS EN FRANCE, EN ITALIE ET EN ESPAGNE, recherches sur leur état depuis leur dispersion jusqu'à nos jours, sous le rapport de la législation, de la littérature et du commerce. — 2e *édition, revue et corrigée.* — 1 vol. 7 50

LA PRINCESSE DE BELGIOJOSO

ASIE MINEURE ET SYRIE. Souvenirs de Voyages. 1 vol. 7 50

HISTOIRE DE LA MAISON DE SAVOIE. 1 vol. 7 50

J.-B. BIOT

Membre de l'Académie des Sciences et de l'Académie française

ÉTUDES SUR L'ASTRONOMIE INDIENNE ET SUR L'ASTRONOMIE CHINOISE. 1 v. 7 50

MÉLANGES SCIENTIFIQUES ET LITTÉRAIRES. — 3 vol 22 50

LE PRINCE A. DE BROGLIE

de l'Académie française

QUESTIONS DE RELIGION ET D'HISTOIRE. — 2 vol. . . . . 15 »

CAMOIN DE VENCE

fr. c.

MAGISTRATURE FRANÇAISE, son action et son influence sur l'état de la Société aux diverses époques. 1 vol. 6 »

AUGUSTE CARLIER

DE L'ESCLAVAGE dans ses rapports avec l'Union américaine. — 1 vol. 6 »

VICTOR COUSIN

de l'Académie française

PHILOSOPHIE DE KANT. — 1 vol. . . 5 »

PHILOSOPHIE ÉCOSSAISE. — 1 vol . . 5 »

PHILOSOPHIE SENSUALISTE. — 1 vol. 5 »

J. CRÉTINEAU-JOLY

LE PAPE CLÉMENT XIV, seconde et dernière lettre au père Theiner — 1 v. 5 »

A. BEN-BARUCH CRÉHANGE

LES PSAUMES, traduct. nouv. 1 vol. 10 »

LE GÉNÉRAL E. DAUMAS

LE GRAND DÉSERT : Itinéraire d'une Caravane du Sahara au pays des Nègres (royaume de Haoussa), suivi d'un Vocabulaire d'histoire naturelle et du code de l'esclavage chez les musulmans, avec une carte coloriée. *Nouvelle édition.* 1 vol. 6 »

Mme DU DEFFAND

CORRESPONDANCE INÉDITE AVEC LA DUCHESSE DE CHOISEUL ET L'ABBÉ BARTHÉLEMY, précédée d'une introduction par *M. de Sainte-Aulaire.* — 2 vol. . . . . 15 »

CH. DESMAZE

LE PARLEMENT DE PARIS. 1 vol. . . 5 »

CAMILLE DOUCET

COMÉDIES EN VERS. — 2 vol. . . 12 »

MAXIME DUCAMP

LES CONVICTIONS. — 1 vol. . . . . . 3 »

DUVERGIER DE HAURANNE

HISTOIRE DU GOUVERNEMENT PARLEMENTAIRE EN FRANCE (1814-1848), précédée d'une introduction. 5 vol. 37 50

TOME VI (*Sous presse*). 1 vol 7 50

LE BARON ERNOUF

HISTOIRE DE LA DERNIÈRE CAPITULATION DE PARIS. — Évènements de 1815. — Rédigée sur des documents entièrement inédits. 1 vol. 6 »

LE PRINCE EUGÈNE

MÉMOIRES ET CORRESPONDANCE POLITIQUE ET MILITAIRE, publiés, annotés et mis en ordre par *A. Du Casse.* 10 vol. . . . . 60 »

XAVIER EYMA

LA RÉPUBLIQUE AMÉRICAINE. Ses Institutions. — Ses Hommes. — 2 vol. 12 »

LES TRENTE-QUATRE ÉTOILES DE L'UNION AMÉRICAINE. — Histoire des états et des territoires. — 2 vol. 12 »

J. FERRARI

HISTOIRE DE LA RAISON D'ÉTAT. 1 v. 7 50

AD. FRANCK fr. c.
Membre de l'Institut.
ÉTUDES ORIENTALES. — 1 vol. 7 50

LE COMTE DE FORBIN
CHARLES BARIMORE.—*Nouvelle édition.* — 1 vol. . . . . 3 »

LE Cte AGÉNOR DE GASPARIN
Ancien Député
L'AMÉRIQUE DEVANT L'EUROPE, principes et intérêts.—1 vol. . . . . . 6 »
UN GRAND PEUPLE QUI SE RELÈVE, LES ÉTATS-UNIS EN 1861. — 1 vol. 5 »

ERNEST GERVAIS
LES CROISADES DE SAINT-LOUIS. 1 vol. 6 »

ÉMILE DE GIRARDIN
QUESTIONS DE MON TEMPS.—12 vol. 72 »

ÉDOUARD GOURDON
HISTOIRE DU CONGRÈS DE PARIS. 1 vol. 5 »

ERNEST GRANDIDIER
VOYAGE DANS L'AMÉRIQUE DU SUD. — Pérou et Bolivie. — 1 vol. . . . . 5 »

F. GUIZOT
LA CHINE ET LE JAPON : mission du comte d'Elgin pendant les années 1857, 1858 et 1859; racontée par *Laurence Oliphant.* Traduction nouvelle, précédée d'une introduction. — 2 vol. . . . . 12 »
L'ÉGLISE ET LA SOCIÉTÉ CHRÉTIENNES EN 1861. — 3e *édition.* — 1 vol. . 5 »
HISTOIRE DE LA FONDATION DE LA RÉPUBLIQUE DES PROVINCES-UNIES, par *J. Lothrop Motley*, trad. nouvelle, précédée d'une grande introduction (l'Espagne et les Pays-Bas aux XVIe et XIXe siècles) —4 vol. 24 »
HISTOIRE PARLEMENTAIRE DE FRANCE, collection complète des discours de M. Guizot dans les chambres de 1819 à 1848, précédée d'une introduction formant le complément des mémoires pour servir à l'histoire de mon temps (*sous presse*). — 4 vol. . . . . 30 »
MÉMOIRES pour servir à l'histoire de mon temps.—2e *édition.* 5 vol. . 37 50
TOME VI (*sous presse*). 1 vol . . . 7 50
TROIS ROIS, TROIS PEUPLES ET TROIS SIÈCLES (*sous presse*). 1 vol. . . . 7 50
WILLIAM PITT ET SON TEMPS, par *lord Stanhope*, traduction précédée d'une introduction. — Tom. I et II. — 2 vol. . . . . 12 »

LE COMTE D'HAUSSONVILLE
HISTOIRE DE LA POLITIQUE EXTÉRIEURE DU GOUVERNEMENT FRANÇAIS : 1830-1848, avec documents, notes et pièces justificatives. 2 vol. 12 »
HISTOIRE DE LA RÉUNION DE LA LORRAINE A LA FRANCE, avec notes, pièces justificatives et documents entièrement inédits. 4 vol. . . . 30 »

ROBERT HOUDIN fr. c.
LES TRICHERIES DES GRECS DÉVOILÉES. — 1 vol. . . . . 5 »

VICTOR HUGO
LES CONTEMPLATIONS. 4e *éd.* 2 vol. 12 »
LA LÉGENDE DES SIÈCLES.—2e *édition.* — 2 vol. . . . . 15 »

JULES JANIN
LES GAITÉS CHAMPÊTRES. 2 vol. . . 12 »
LA RELIGIEUSE DE TOULOUSE. 2 vol. 12 »

ALPHONSE JOBEZ
LA FEMME ET L'ENFANT, OU MISÈRE ENTRAINE OPPRESSION. 1 vol. . . . 5 »

***
ÉTUDES SUR LA MARINE : L'escadre de la Méditerranée. — La Question chinoise.—La Marine à vapeur dans les guerres continentales. — 1 vol. 7 50

LAMARTINE
GENEVIÈVE. — Histoire d'une Servante. 1 vol. . . . . 5 »
NOUVELLES CONFIDENCES. 1 vol. . . 5 »
TOUSSAINT LOUVERTURE. 1 vol. . . . 5 »
VIE D'ALEXANDRE LE GRAND.—2 vol. 10 »

CHARLES LAMBERT
LE SYSTÈME DU MONDE MORAL. 1 vol. 7 50

DE LAROCHEFOUCAULD
DUC DE DOUDEAUVILLE
MÉMOIRES. — Tome I à V.— 5 vol. 37 50

JULES DE LASTEYRIE
HISTOIRE DE LA LIBERTÉ POLITIQUE EN FRANCE. — *Première partie.* 1 vol. 7 50
(L'ouvrage sera complet en 3 vol.)

DE LATENA
ÉTUDE DE L'HOMME. 3e *édit.* 1 vol. . 7 50

JULES LE BERQUIER
LA COMMUNE DE PARIS. — Limites et Organisation nouvelles. — 1 vol. 3 »

CHARLES LENORMANT
BEAUX-ARTS ET VOYAGES, précédés d'une lettre de M. GUIZOT. 2 vol. 15 »

L. DE LOMÉNIE
BEAUMARCHAIS ET SON TEMPS, études sur la Société en France au XVIIIe siècle, d'après des documents inédits. —2e *édition.*—2 vol. . . . 15 »

LORD MACAULAY
Traduit par GUILLAUME GUIZOT
ESSAIS HISTORIQUES ET BIOGRAPHIQUES. — 2 vol. . . . . 12 »
ESSAIS PHILOSOPHIQUES ET POLITIQUES, (*Sous presse*). 1 vol. . . . . . . 6 »

LORD MACAULAY (*Suite*) fr. c.

ESSAIS SUR LA LITTÉRATURE ANGLAISE. Précédés d'une Notice sur lord Macaulay, par *Guillaume Guizot*.—(*Sous presse*). 2 vol. . . . 12 »

ESSAIS SUR L'HISTOIRE D'ANGLETERRE. (*Sous presse*). 1 vol. . . . 6 »

JOSEPH DE MAISTRE

CORRESPONDANCE DIPLOMATIQUE (1811-1817), recueillie et publiée par *Albert Blanc*. 2 vol. . . . . 15 »

MÉMOIRES POLITIQUES ET CORRESPONDANCE DIPLOMATIQUE, avec explications et commentaires historiques, par *Albert Blanc*. — 1 vol. . . . 5 »

LE COMTE DE MARCELLUS

CHATEAUBRIAND ET SON TEMPS. 1 vol. 7 50

LES GRECS ANCIENS ET LES GRECS MODERNES.— Études littéraires.— 1 vol. 7 50

SOUVENIRS DIPLOMATIQUES. Correspondance intime de M. de Chateaubriand. — *Nouvelle édition*. — 1 vol. . . . . 5 »

VINGT JOURS EN SICILE. — 1 vol. . . 5 »

MÉRY

NAPOLÉON EN ITALIE. Poëme. — 1 magnifique volume . . . . 5 »

LE COMTE MIOT DE MÉLITO

Ancien ambassadeur, ministre, conseiller d'état et membre de l'Institut

SES MÉMOIRES, publiés par sa famille (1788-1815). 3 vol. . . . . 18 »

A. MONGINOT

Professeur de comptabilite, expert près les Cours et Tribunaux de Paris

NOUVELLES ÉTUDES SUR LA COMPTABILITÉ : TENUE DES LIVRES, commerciale, industrielle et agricole. Comprenant les Théories, les Modèles et la Critique des systèmes usités. — L'exposition d'une Méthode nouvelle. — Un Traité sur les vérifications. — Un résumé de Législation et de Jurisprudence spéciales, diverses notions sur les opérations de bourse, les changes et les arbitrages. — 2e *édition*. — 1 vol. 7 50

LE COMTE DE MONTALIVET

LE ROI LOUIS-PHILIPPE (liste civile). *Nouv. édition*, entièrement revue et considérablement augmentée de notes, pièces justificatives et documents inédits, avec un portrait et un fac-simile du roi, et un plan du château de Neuilly. — 1 vol. 6 »

MORTIMER-TERNAUX.

HISTOIRE DE LA TERREUR, 1792-1794, d'après des documents authentiques et inédits. Tome Ier. — 1 vol. 6 »

MICHEL NICOLAS fr. c.

DES DOCTRINES RELIGIEUSES DES JUIFS pendant les deux siècles antérieurs à l'ère chrétienne. 1 vol. 7 50

ÉTUDES CRITIQUES SUR LA BIBLE.— Ancien Testament. — 1 vol. . . . 7 50

CHARLES NISARD

LES GLADIATEURS DE LA RÉPUBLIQUE DES LETTRES.— 2 vol. . . . 15 »

CASIMIR PÉRIER

LES FINANCES DE L'EMPIRE. — 1/2 v. 1 »

LE TRAITÉ AVEC L'ANGLETERRE. — 2e *édition, revue et augmentée*. — 1/2 vol. 1 50

A. PHILIPPE

ROYER-COLLARD. Sa vie publique, sa vie privée, sa famille. 1 vol. . . 5 »

L. PHILIPPSON

Traduction de L. Lévy-Bing

DU DÉVELOPPEMENT DE L'IDÉE RELIGIEUSE dans le Judaïsme, le Christianisme et l'Islamisme. 1 vol. . . . 6 »

L'ABBÉ PIERRE

CONSTANTINOPLE, JÉRUSALEM ET ROME avec un plan de Jérusalem et une carte des côtes orientales de la Méditerranée. — 2 vol. . . . . . 15 »

GUSTAVE PLANCHE

PORTRAITS LITTÉRAIRES. — 2 vol. . 7 »

LE COMTE DE PONTÉCOULANT

SOUVENIRS HISTORIQUES ET PARLEMENTAIRES, extraits de ses papiers et de sa correspondance. — 1764-1848. — Tomes I et II. — 2 vol. 12 »

PRÉVOST-PARADOL

ÉLISABETH ET HENRI IV.—1595-1598 — 1 vol. . . . . 6 »

ESSAIS DE POLITIQUE ET DE LITTÉRATURE.—2e *édition*.— 1 vol. . . 7 50

NOUVEAUX ESSAIS DE POLITIQUE ET DE LITTÉRATURE.— 1 vol. 7 50

EDGAR QUINET

HISTOIRE DE LA CAMPAGNE DE 1815, — 1 vol. avec une carte. 7 50

MERLIN L'ENCHANTEUR. 2 vol. . . . 15 »

Mme RÉCAMIER

SOUVENIRS ET CORRESPONDANCE tirés de ses papiers. — 3e *édition*. — 2 vol. . . . . 15 »

COPPET ET WEIMAR. — MADAME DE STAËL ET LA GRANDE DUCHESSE LOUISE. — Récits et Correspondances, par l'auteur des *Souvenirs de Madame Récamier*. 1 v. 7 50

CH. DE RÉMUSAT

de l'Académie française

POLITIQUE LIBÉRALE, ou Fragments pour servir à la défense de la Révolution française. 1 vol. 7 50

ERNEST RENAN

de l'Institut

AVERROÈS ET L'AVERROÏSME, essai historique. — 2e *édition, revue et corrigée*. — 1 vol. 7 50

ERNEST RENAN (*Suite*) fr. c.

LE CANTIQUE DES CANTIQUES, traduit de l'hébreu, avec une étude sur le plan, l'âge et le caractère du poëme. — 2e *édition*. — 1 vol . . 6 »

DE L'ORIGINE DU LANGAGE. 3e *édition*. 1 vol. . . . . 6 »

DE LA PART DES PEUPLES SÉMITIQUES DANS L'HISTOIRE DE LA CIVILISATION. — 5e *édition*. — Brochure. . . . . 1 »

ESSAIS DE MORALE ET DE CRITIQUE.— 2e *édition*. — 1 vol. 7 50

ÉTUDES D'HISTOIRE RELIGIEUSE.— 5e *édition*. — 1 vol. 7 50

HISTOIRE ET SYSTÈME COMPARÉ DES LANGUES SÉMITIQUES.—3e *édition*, (*Sous presse*). — 1 vol. . . . . . 12 »

LE LIVRE DE JOB, traduit de l'hébreu, avec une étude sur l'âge et le caractère du poëme. — 2e *édition*. — 1 vol. 7 50

LOUIS REYBAUD
de l'Institut

ÉCONOMISTES MODERNES. — 1 vol. . . 7 50

ÉTUDES SUR LE RÉGIME DES MANUFACTURES. Condition des ouvriers en soie. 1 vol. 7 50

LE COMTE R. R.

LA JUSTICE ET LA MONARCHIE POPULAIRE. — 1re *partie*: La Guerre d'Orient. — 1 vol. . . . . 3 »

J.-J. ROUSSEAU

ŒUVRES ET CORRESPONDANCE INÉDITES, publiées par M. Streckeisen-Moultou. — 1 vol. 7 50

LE MARÉCHAL DE St-ARNAUD

LETTRES (1832-1854), avec pièces justificatives.— 2e *édition*, précédée d'une notice par M. SAINTE-BEUVE. —2 vol. ornés du portrait et d'un autographe . . . . 12 »

SAINT-MARC GIRARDIN
de l'Académie française

SOUVENIRS ET RÉFLEXIONS POLITIQUES D'UN JOURNALISTE. 1 vol. . . 7 50

LAFONTAINE ET LES FABULISTES (*sous presse*). — 2 vol. . . . . 15 »

J. SALVADOR

HISTOIRE DES INSTITUTIONS DE MOÏSE ET DU PEUPLE HÉBREU. 3e *édition, revue et augmentée d'une Introduction* sur l'avenir de la Question religieuse.— 2 vol. . . . . . 15 »

PARIS, ROME, JÉRUSALEM, ou la Question religieuse au XIXe siècle. — 2 vol. . . . . 15 »

DE SÉNANCOUR

RÊVERIES. — 3e *édition*. — 1 vol. . 5 »

A. DE TOCQUEVILLE fr. c.

L'ANCIEN RÉGIME ET LA RÉVOLUTION. 4e *édition*. 1 vol. 7 50

ŒUVRES ET CORRESPONDANCE INÉDITES, précédées d'une Introduction. par *Gustave de Beaumont*. 2 vol. 15 »

E. DE VALBEZEN

LES ANGLAIS ET L'INDE, avec notes, pièces justificatives et tableaux statistiques.—3e *édition*. 1 vol. . . . 7 50

OSCAR DE VALLÉE

ANTOINE LEMAISTRE ET SES CONTEMPORAINS. — Études sur le XVIIe siècle. — 2e *édition*. 1 vol 7 50

LE DUC D'ORLÉANS ET LE CHANCELIER D'AGUESSEAU. — Études morales et politiques. — 1 vol. 7 50

LE DOCTEUR L. VÉRON

QUATRE ANS DE RÈGNE. — OU EN SOMMES-NOUS? — 1 vol. . . . . . 5 »

LOUIS DE VIEL-CASTEL

HISTOIRE DE LA RESTAURATION. 8 vol. . . . . 48 »

En vente, tomes I à V. 5 vol. 30 »

Tome VI (*Sous presse*.) 1 vol. . . 6 »

ALFR. DE VIGNY
de l'Académie française

ŒUVRES COMPLÈTES (NOUVELLE ÉDITION)

CINQ MARS, avec autographes de Richelieu et de Cinq-Mars. — 1 vol. 5 »

POÉSIES COMPLÈTES. — 1 vol. . . . . 5 »

SERVITUDE ET GRANDEUR MILITAIRE. — 1 vol. . . . . 5 »

STELLO. — 1 vol. . . . . 5 »

THÉATRE COMPLET. — 1 vol. . . . . . 5 »

VILLEMAIN
de l'Académie française

LA TRIBUNE MODERNE :

1re PARTIE. — M. DE CHATEAUBRIAND, sa vie, ses écrits, son influence littéraire et politique sur son temps. — 1 vol. 7 50

2e PARTIE (*sous presse*). 1 vol. . 7 50

L. VITET
de l'Académie française

L'ACADÉMIE ROYALE DE PEINTURE ET DE SCULPTURE. — Étude historique. — 1 vol . . . . 6 »

LE LOUVRE. Étude historique, *revue et augmentée* (*Sous pr.*).—1 vol. 6 »

L'ÉGLISE NOTRE-DAME DE NOYON. Essai archéologique, suivi d'études sur les monuments et sur la musique du moyen âge. — 1 vol. . . 6 »

LE RÉV. CHRISTOPHER WORDSWORT

DE L'ÉGLISE ET DE L'INSTRUCTION PUBLIQUE EN FRANCE. — 1 vol. . . . 5 »

BIBLIOTHÈQUE CONTEMPORAINE
ET COLLECTION DE LA LIBRAIRIE NOUVELLE

Format grand in-18 à 3 francs le volume

EDMOND ABOUT vol.
LETTRES D'UN BON JEUNE HOMME A SA COUSINE — 2e *édition*. 1

AMÉDÉE ACHARD
LES CHATEAUX EN ESPAGNE. — Contes et Nouvelles. 1

***

VARIA. — Morale. — Politique. — Littérature. 4

ALFRED ASSOLLANT
D'HEURE EN HEURE. 1

XAVIER AUBRYET
LES JUGEMENTS NOUVEAUX 1

***

LES ZOUAVES ET LES CHASSEURS A PIED. 1

J. AUTRAN
ÉPITRES RUSTIQUES. 1

LABOUREURS ET SOLDATS. — 2e *édition, revue et corrigée* 1

LES POÈMES DE LA MER. — *Nouvelle édition, revue et considérablement augmentée*. 1

LA VIE RURALE. — Tableaux et Récits. 1

LE COMTE CÉSAR BALBO
Traduction J. Amigue.

HISTOIRE D'ITALIE. 2

J. BARBEY D'AUREVILLY
LES PROPHÈTES DU PASSÉ. 1

ALEX. BARBIER.
LETTRES FAMILIÈRES SUR LA LITTÉRATURE 1

J. BARTHÉLEMY SAINT-HILAIRE
LETTRES SUR L'ÉGYPTE — 2e *édition*. 1

L. BAUDENS
Inspecteur, membre du Conseil de santé des armées.

LA GUERRE DE CRIMÉE. — Les Campements, les Abris, les Ambulances, les Hôpitaux, etc. — 2e *édition*. . . 1

ROGER DE BEAUVOIR
LES MEILLEURS FRUITS DE MON PANIER . 1

LA PRINCESSE DE BELGIOJOSO
ASIE MINEURE ET SYRIE. — Souvenirs de voyage. — *Nouvelle édition*. . . . 1

SCÈNES DE LA VIE TURQUE : Emina. — Un prince Kurde. — Les deux Femmes d'Ismaïl-Bey. 1

NOUVELLES SCÈNES DE LA VIE TURQUE (*Sous presse*). 1

GEORGES BELL
VOYAGE EN CHINE 1

LE MARQUIS DE BELLOY vol.
LES TOQUÉS. 1

HECTOR BERLIOZ
LES GROTESQUES DE LA MUSIQUE. . . . 1

LES SOIRÉES DE L'ORCHESTRE. — 2e *édition, entièrem. revue et corrigée*. 1

CHARLES DE BERNARD
ŒUVRES COMPLÈTES

LES AILES D'ICARE 1

UN BEAU-PÈRE. 1

L'ÉCUEIL 1

LE GENTILHOMME CAMPAGNARD. . . . 2

GERFAUT 1

UN HOMME SÉRIEUX 1

LE NŒUD GORDIEN. 1

NOUVELLES ET MÉLANGES. 1

LE PARAVENT. 1

LA PEAU DU LION ET LA CHASSE AUX AMANTS. 1

POÉSIES ET THÉATRE. 1

EUGÈNE BERTHOUD
LE BAISER MORTEL. 1

SECRET DE FEMME 1

H. BLAZE DE BURY
LES AMIES DE GŒTHE (*Sous presse*). . 1

LE CHEVALIER DE CHASOT. Mémoires du temps de Frédéric-le-Grand. . . . 1

ÉCRIVAINS ET POÈTES DE L'ALLEMAGNE. 1

ÉPISODE DE L'HISTOIRE DU HANOVRE. — Les Kœnigsmark. 1

INTERMÈDES ET POÈMES. 1

SOUVENIRS ET RÉCITS DES CAMPAGNES D'AUTRICHE. 1

***

HOMMES DU JOUR : 2e *édition*. 1

LES SALONS DE VIENNE ET DE BERLIN. . 1

WILLIAM BOLTS
HISTOIRE DES CONQUÊTES ET DE L'ADMINISTRATION DE LA COMPAGNIE ANGLAISE AU BENGALE. 1

LOUIS BOUILHET
POÉSIES, Festons et Astragales. . . . 1

FÉLIX BOVET
VOYAGE EN TERRE SAINTE. — 3e *édition, revue et corrigée*. 1

A. BRIZEUX
ŒUVRES COMPLÈTES. Édition définitive, augmentée d'un grand nombre de poésies inédites, précédée d'une étude sur BRIZEUX par SAINT-RENÉ TAILLANDIER, et ornée d'un portrait de Brizeux 2

LE PRINCE A. DE BROGLIE vol.
de l'Académie française

ÉTUDES MORALES ET LITTÉRAIRES . . 1

AUGUSTE CALLET
Ancien Membre des Assemblées nationales

L'ENFER. 1

JULES DE CÉNAR (CARNÉ)

PÊCHEURS ET PÊCHERESSES. 1

CLÉMENT CARAGUEL

LES SOIRÉES DE TAVERNY.— Contes et Nouvelles 1

MICHEL CERVANTES.

THÉATRE, traduit pour la première fois par Aphonse ROYER. 1

CHAMFORT

ŒUVRES. — Précédés de l'histoire de Chamfort par P.J. STAHL. — *Nouv. édition, revue et augmentée*. . . 1

CHAMPFLEURY

CONTES VIEUX ET NOUVEAUX. 1

LES EXCENTRIQUES. — 2ᵉ *édition*. . . 1

LA MASCARADE DE LA VIE PARISIENNE. 1

A. CHARGUÉRAUD

LES BATARDS CÉLÈBRES, avec une introduction par *E. de Girardin*. 2ᵉ *éd.* 1

LE COMTE DE CHEVIGNÉ

CONTES REMOIS. 4ᵉ *édition*, illustrés de 34 dessins de Meissonier 1

F. CLAUDE

LES PSAUMES, traduction nouvelle, suivie de notes et réflexions 1

LE ROMAN DE L'AMOUR 1

Mᵐᵉ LOUISE COLET

LUI. — 3ᵉ *édition*. 1

ÉMILE COLOMBEY

HISTOIRE ANECDOTIQUE DU DUEL DANS TOUS LES TEMPS ET TOUS LES PAYS. . 1

EUGÈNE CORDIER

LE LIVRE D'ULRICH. 1

H. CORNE

SOUVENIRS D'UN PROSCRIT. 1

CHARLES DE COURCY

LES HISTOIRES DU CAFÉ DE PARIS. . . 1

VICTOR COUSIN
De l'Académie française

PHILOSOPHIE DE KANT 1

PHILOSOPHIE ÉCOSSAISE. 1

PHILOSOPHIE SENSUALISTE 1

CUVILLIER-FLEURY

ÉTUDES HISTORIQUES ET LITTÉRAIRES. 2

NOUVELLES ÉTUDES HISTORIQUES ET LITTÉRAIRES 1

DERNIÈRES ÉTUDES HISTORIQUES ET LITTÉRAIRES 2

HISTORIENS, POÈTES ET ROMANCIERS. . 2

PORTRAITS POLITIQUES ET RÉVOLUTIONNAIRES. — 2ᵉ *édition*. 1

VOYAGES ET VOYAGEURS 1

LE GÉNÉRAL DAUMAS vol.

LES CHEVAUX DU SAHARA ET LES MŒURS DU DÉSERT. — 4ᵉ *édition, revue et augmentée*, avec des Commentaires par l'émir Abd-el-Kader. 1

E. DÉLÉCLUZE

SOUVENIRS DE SOIXANTE ANNÉES. . . . 1

PAUL DELTUF

ADRIENNE. 1

CONTES ROMANESQUES. 1

MADEMOISELLE FRUCHET. 1

RÉCITS DRAMATIQUES 1

A. DESBAROLLES

VOYAGE D'UN ARTISTE EN SUISSE A 3 FR. 50 C. PAR JOUR 1

EMILE DESCHANEL

CAUSERIES DE QUINZAINE. 1

CHRISTOPHE COLOMB. 1

CHARLES DOLLFUS

LETTRES PHILOSOPHIQUES. 2ᵉ *édit.* 1

RÉVÉLATIONS ET RÉVÉLATEURS. 1

MAXIME DUCAMP

EXPÉDITION DE SICILE.— Souvenirs personnels. 1

J. A. DUCONDUT

ESSAI DE RHYTHMIQUE FRANÇAISE, Introduction théorique. — Manuel lyrique et Préludes. 1

E. DUFOUR

LES GRIMPEURS DES ALPES (Peaks, Passes and Glaciers). Trad. de l'anglais. 1

ALEXANDRE DUMAS

LES GARIBALDIENS, révolutions de Sicile et de Naples. 1

ALEXANDRE DUMAS FILS

CONTES ET NOUVELLES. 1

CHARLES EDMOND

SOUVENIRS D'UN DÉPAYSÉ. 1

Mᵐᵉ ELLIOTT

MÉMOIRES SUR LA RÉVOLUTION FRANÇAISE, traduits par M. le comte de Baillon, avec une appréciation critique de M. Sainte-Beuve et un beau portrait gravé sur acier. — 2ᵉ *édition* 1

ERCKMANN-CHATRIAN

CONTES DE LA MONTAGNE. 1

MAITRE DANIEL ROCK. 1

L. ET M. ESCUDIER

DICTIONNAIRE DE MUSIQUE THÉORIQUE ET HISTORIQUE, avec une préface par *F. Halévy*. — *Nouvelle édition*. 1

ALPHONSE ESQUIROS

LA NÉERLANDE ET LA VIE HOLLANDAISE. 2

FÉTIS

LA MUSIQUE DANS LE PASSÉ, DANS LE PRÉSENT ET DANS L'AVENIR (*sous presse*). 2

FEUILLET DE CONCHES vol.

LÉOPOLD ROBERT, sa vie, ses œuvres et sa correspondance. — *Nouvelle édition* 1

OCTAVE FEUILLET
de l'Académie française

BELLAH. — 5e *édition*. 1
LA PETITE COMTESSE, le Parc, Onesta. — *Nouvelle édition*. 1
LE ROMAN D'UN JEUNE HOMME PAUVRE. — *nouvelle édition*. 1
SCÈNES ET COMÉDIES.—*Nouv. édition*. 1
SCÈNES ET PROVERBES.—*Nouv. édit*. . 1

PAUL FÉVAL.

QUATRE FEMMES ET UN HOMME.—2e *édit*. 1

ERNEST FEYDEAU

ALGER. — Étude 1

LOUIS FIGUIER.

LES EAUX DE PARIS, leur passé, leur état présent, leur avenir, avec une 1 carte hydrographique et géologique du bassin de Paris (coloriée) 1

GUSTAVE FLAUBERT.

MADAME BOVARY. *Nouvelle édit. revue*. 1

EUGÈNE FORCADE

ÉTUDES HISTORIQUES 1
HISTOIRE DES CAUSES DE LA GUERRE D'ORIENT. 1

E. D. FORGUES.

UNE PARQUE. — MA VIE DE GARÇON. Imitations de l'anglais. 1

MARC FOURNIER

LE MONDE ET LA COMÉDIE (*Sous presse*) 1

VICTOR FRANCONI

LE CAVALIER, Cours d'équitation pratique. — 2e *édition, revue et augmentée*. 1
L'ÉCUYER, Cours d'équitation pratique. 1

ARNOULD FRÉMY

LES MŒURS DE NOTRE TEMPS. 1

EUGENE FROMENTIN

UNE ANNÉE DANS LE SAHEL. — 2e *éd*. 1
UN ÉTÉ DANS LE SAHARA.—2e *édition*. 1

LÉOPOLD DE GAILLARD

QUESTIONS ITALIENNES : Voyage. — Histoire.— Politique. 1

P. GARREAU

ESSAI SUR LES PREMIERS PRINCIPES DES SOCIÉTÉS. 1

LE Cte AGÉNOR DE GASPARIN

LE BONHEUR. — 2e *édition* 1
UN GRAND PEUPLE QUI SE RELÈVE. — Les États-Unis en 1861. 2e *édition revue et corrigée*. 1

***

LES HORIZONS CÉLESTES. — 6e *édit*. . 1
LES HORIZONS PROCHAINS.— 5e *édit*. 1
VESPER. — 4e *édition*. 1

BENJAMIN GASTINEAU vol.

LES FEMMES ET LES MŒURS DE L'ALGÉRIE. 1

THÉOPHILE GAUTIER

EN GRÈCE ET EN AFRIQUE (*Sous presse*) 1

JULES GÉRARD
Le Tueur de Lions

VOYAGES ET CHASSES DANS L'HIMALAYA 1

LÉON GOZLAN.

BALZAC CHEZ LUI. — SOUVENIRS DES JARDIES. 1
HISTOIRE D'UN DIAMANT. 1

GRÉGOROVIUS
Traduction de F. Sabatier

LES TOMBEAUX DES PAPES ROMAINS, av. une introduction de J. J. AMPÈRE. 1

EDOUARD GRENIER

POÈMES DRAMATIQUES. 1

F. DE GROISEILLIEZ

LES COSAQUES DE LA BOURSE OU LE JEU DU DIABLE. 1
HISTOIRE DE LA CHUTE DE LOUIS-PHILIPPE. 1

F. HALÉVY
de l'Institut, secrétaire perpétuel de l'Académie des Beaux-Arts.

SOUVENIRS ET PORTRAITS. — Etudes sur les Beaux-Arts. 1
DERNIERS SOUVENIRS ET PORTRAITS, suivis de quelques lettres inédites. . 1

B. HAURÉAU

SINGULARITÉS HISTORIQUES ET LITTÉRAIRES. 1

LE COMTE D'HAUSSONVILLE

HISTOIRE DE LA POLITIQUE EXTÉRIEURE DU GOUVERNEMENT FRANÇAIS (1830-1848). Avec notes, pièces justificatives et documents diplomatiques entièrement inédits. — *Nouvelle édition*. 2
HISTOIRE DE LA RÉUNION DE LA LORRAINE A LA FRANCE. Avec notes, pièces justificatives et documents historiques entièrement inédits. — 2e *édition, revue et corrigée*. . . 4

***

MARGUERITE DE VALOIS. (*Sous presse*) 1
ROBERT EMMET. — 2e *édition*. 1
SOUVENIRS D'UNE DEMOISELLE D'HONNEUR DE LA DUCHESSE DE BOURGOGNE 2e *édition*. 1

HENRI HEINE
ŒUVRES COMPLÈTES

DE LA FRANCE. — *Nouvelle édition*. . 1
DE L'ALLEMAGNE.— *Nouvelle édition, entièrement revue et augmentée de fragments inédits*. 2
LUTÈCE, lettres sur la vie politique, artistique et sociale de la France. — 5e *édition*. 1
POÈMES ET LÉGENDES.—*Nouv. édition*. 1
REISEBILDER, tableaux de voyage.—

HENRI HEINE (*Suite*) vol.

Nouvelle édition, revue, considérablement augmentée, précédée d'une étude sur Henri Heine, par *Théophile Gautier*, et ornée d'un portrait. 2

CAMILLE HENRY

LE ROMAN D'UNE FEMME LAIDE. 2e *édit.* 1
LE ROMAN D'UNE JOLIE FEMME (*sous pr.*). 1
UNE NOUVELLE MADELEINE. 1

HOFFMANN
Traduction de Champfleury

CONTES POSTHUMES. 1

ROBERT HOUDIN

CONFIDENCES D'UN PRESTIDIGITATEUR. . 2

ARSÈNE HOUSSAYE

MADEMOISELLE MARIANI, histoire parisienne (1858). — 4e *édition*. 1

CHARLES HUGO

LE COCHON DE SAINT-ANTOINE (*Sous pr.*) 1
UNE FAMILLE TRAGIQUE. 1

IMMERMANN

LA BLONDE LISBETH, avec une préface de Nefftzer. 1

UN INCONNU

MONSIEUR X ET MADAME ***. 1

ALFRED JACOBS

L'OCÉANIE NOUVELLE.— Colonies, Migrations et Mélanges. 1

PAUL JANET

LA FAMILLE. — LEÇONS DE PHILOSOPHIE MORALE, ouvrage couronné par l'Académie française. — 4e *édition*. . . 1

JULES JANIN

BARNAVE. *Nouvelle édition*. 1
LES CONTES DU CHALET. 1
HISTOIRE DE LA LITTÉRATURE DRAMATIQUE. 6

KARL-DES-MONTS

LES LÉGENDES DES PYRÉNÉES.—4e *éd.* 1

ALPHONSE KARR

DE LOIN ET DE PRÈS. 1
EN FUMANT — 2e *édition*. 1
LETTRES ÉCRITES DE MON JARDIN. . . 1
LE ROI DES ILES CANARIES (*Sous presse*). 1
SUR LA PLAGE. 1

LABRUYÈRE

LES CARACTÈRES.—*Nouvelle édition, commentée par* A. DESTAILLEUR. . 2

LAMARTINE vol.

LES CONFIDENCES, *nouvelle édition*. . 1
GENEVIÈVE, Histoire d'une Servante. 2e *édition*. 1
NOUVELLES CONFIDENCES. 2e *édition*. 1
TOUSSAINT LOUVERTURE. 3e *édition*. . 1

JULIETTE LAMBER

MON VILLAGE. 1
LE MANDARIN. 1

LE PRINCE DE LA MOSKOWA

SOUVENIRS ET RÉCITS. 1

LANFREY

LES LETTRES D'ÉVERARD 1

VICTOR DE LAPRADE
de l'Académie française

POÈMES ÉVANGÉLIQUES. — 3e *édition*, augmentée d'un chapitre de la *Poétique chrétienne*, ouvrage couronné par l'Académie française. 1
PSYCHÉ. — Odes et Poëmes. — *Nouvelle édition*, augmentée de Pièces nouvelles. 1
LES SYMPHONIES.—IDYLLES HÉROÏQUES. —*Nouvelle édition, augmentée de pièces inédites*. 1

FERDINAND DE LASTEYRIE.

LES TRAVAUX DE PARIS, examen critique. 1

ÉMILE DE LATHEULADE

DE LA DIGNITÉ HUMAINE. 1

ANTOINE DE LATOUR

ÉTUDES SUR L'ESPAGNE. 2
LA BAIE DE CADIX. — NOUVELLES ÉTUDES SUR L'ESPAGNE. 1
TOLÈDE ET LES BORDS DU TAGE.— NOUVELLES ÉTUDES SUR L'ESPAGNE . . . 1

CHARLES DE LA VARENNE

VICTOR EMMANUEL II ET LE PIÉMONT. 1

CH. LAVOLLÉE

LA CHINE CONTEMPORAINE. 1

ERNEST LEGOUVÉ
de l'Académie française

LECTURES A L'ACADÉMIE 1

JOHN LEMOINNE

ÉTUDES CRITIQUES ET BIOGRAPHIQUES. 1
NOUVELLES ÉTUDES CRITIQUES ET BIOGRAPHIQUES 1

CH. LIADIÈRES

ŒUVRES DRAMATIQUES ET LÉGENDES. 1
SOUVENIRS HISTORIQUES ET PARLEMENTAIRES 1

FRANZ LISZT

DES BOHÉMIENS ET DE LEUR MUSIQUE EN HONGRIE 1

LE ROI LOUIS-PHILIPPE

MON JOURNAL. Événements de 1815. . 2

LE VICOMTE DE LUDRE vol.

DIX ANNÉES DE LA COUR DE GEORGES II 1

CHARLES MAGNIN

HISTOIRE DES MARIONNETTES EN EUROPE, depuis l'antiquité jusqu'à nos jours. — 2e *édition, revue et corrigée* 1

FÉLICIEN MALLEFILLE

LE COLLIER. — Contes et Nouvelles. 1

HECTOR MALOT

LES AMOURS DE JACQUES 1

LES VICTIMES D'AMOUR. — 1re *partie :* Les Amants. — 2e *édition* 1

LES VICTIMES D'AMOUR. — 2e *partie :* Les Epoux (*Sous presse*) 1

MANÉ-THÉCEL-PHARÈS

HISTOIRES D'IL Y A VINGT ANS 1

AUGUSTE MAQUET

LES VERTES-FEUILLES 1

LE COMTE DE MARCELLUS

CHANTS POPULAIRES DE LA GRÈCE MODERNE, réunis, classés et traduits 1

CH. DE MAZADE

L'ITALIE MODERNE. Récits des Guerres et des Révolutions italiennes 1

MERCIER

TABLEAU DE PARIS, *nouvelle édition*. 1

PROSPER MÉRIMÉE

LES DEUX HÉRITAGES, suivis de L'INSPECTEUR GÉNÉRAL et des DÉBUTS D'UN AVENTURIER 1

ÉPISODE DE L'HISTOIRE DE RUSSIE. — Les faux Demétrius 1

ÉTUDES SUR L'HISTOIRE ROMAINE : Essai sur la Guerre sociale. — Conjuration de Catilina 1

MÉLANGES HISTORIQUES ET LITTÉRAIRES 1

NOUVELLES. — 4e *édition* : Carmen. — Arsène Guillot. — L'abbé Aubain. — La Dame de pique. — Les Bohémiens. — Le Hussard. — Nicolas Gogol 1

MÉRY

UN CRIME INCONNU 1

MONSIEUR AUGUSTE. — 2e *édition* 1

POÉSIES INTIMES 1

THÉATRE DE SALON. — 2e *édition* :

URSULE 1

LA VIE FANTASTIQUE (*Sous presse*) 1

ÉDOUARD MEYER

CONTES DE LA MER BALTIQUE 1

PAUL DE MOLÈNES

L'AMANT ET L'ENFANT 1

AVENTURES DU TEMPS PASSÉ : Tréfleur. - Briolan. - Le roi Arthur. 1

LE BONHEUR DES MAIGE 1

CARACTÈRES ET RÉCITS DU TEMPS 1

LES COMMENTAIRES D'UN SOLDAT 1

LA FOLIE DE L'ÉPÉE 1

HISTOIRES SENTIMENTALES ET MILITAIRES 1

MARC MONNIER vol.

GARIBALDI. — Histoire de la conquête des Deux-Siciles 1

CHARLES MONSELET

LA FRANC-MAÇONNERIE DES FEMMES 1

HENRY MURGER

LES NUITS D'HIVER. — Poésies complètes 2e *édition* 1

PAUL DE MUSSET

UN MAÎTRE INCONNU 1

NADAR

LA ROBE DE DÉJANIRE 1

LA COMTESSE NATHALIE

LA VILLA GALIETTA, Nouvelle 1

CHARLES NISARD

MÉMOIRES ET CORRESPONDANCES HISTORIQUES ET LITTÉRAIRES INÉDITS, 1726 à 1816 1

D. NISARD

de l'Académie française

ÉTUDES DE CRITIQUE LITTÉRAIRE 1

ÉTUDES D'HISTOIRE ET DE LITTÉRATURE. 1

ÉTUDES SUR LA RENAISSANCE 1

SOUVENIRS DE VOYAGES : France. — Belgique. — Prusse rhénane. — Angleterre 1

LE VICOMTE DE NOÉ

LES BACHI-BOZOUCKS ET LES CHASSEURS D'AFRIQUE. — La Cavalerie régulière en campagne 1

TH. PAVIE

RÉCITS DE TERRE ET DE MER 1

SCÈNES ET RÉCITS DES PAYS D'OUTRE-MER 1

PAUL PERRET

MADEMOISELLE DU PLESSÉ 1

LÉONCE DE PESQUIDOUX

L'ÉCOLE ANGLAISE (1672-1851). Études biographiques et critiques 1

VOYAGE ARTISTIQUE EN FRANCE. Études sur les musées de province 1

A. PEYRAT

HISTOIRE ET RELIGION 1

LAURENT PICHAT

CARTES SUR TABLES. — Nouvelles 1

LA SIBYLLE 1

AMÉDÉE PICHOT

SIR CHARLES BELL, histoire de sa vie et de ses travaux 1

GUSTAVE PLANCHE

ÉTUDES LITTÉRAIRES 1

ÉTUDES SUR L'ÉCOLE FRANÇAISE. — Peinture et Sculpture 2

ÉTUDES SUR LES ARTS 1

PORTRAITS D'ARTISTES : Peintres et Sculpteurs 2

ÉDOUARD PLOUVIER vol.

LA BELLE AUX CHEVEUX BLEUS. 2e *édit.* 1

LE PRINCE A. DE POLIGNAC
Traducteur

LE FAUST DE GOETHE, avec une Préface d'*Arsène Houssaye* 1

F. PONSARD
de l'Académie française

ÉTUDES ANTIQUES 1
THÉATRE COMPLET : 3e *édition* 1

A. DE PONTMARTIN

CAUSERIES LITTÉRAIRES. — *Nouvelle édition* 1
NOUVELLES CAUSERIES LITTÉRAIRES. — *2e édition, revue et augmentée d'une préface* 1
DERNIÈRES CAUSERIES LITTÉRAIRES . . 1
CAUSERIES DU SAMEDI. — *2e série des* CAUSERIES LITTÉRAIRES.— *Nouvelle édition*. 1
NOUVELLES CAUSERIES DU SAMEDI. — *2e édition* 1
DERNIÈRES CAUSERIES DU SAMEDI . . . 1
LE FOND DE LA COUPE. — Nouvelles. 1
LES JEUDIS DE Mme CHARBONNEAU. 1
LES SEMAINES LITTÉRAIRES 1

EUGÈNE POUJADE

LE LIBAN ET LA SYRIE 1

VICTOR POUPIN

UN MARIAGE ENTRE MILLE. 1

PRÉVOST-PARADOL

QUELQUES PAGES D'HISTOIRE CONTEMPORAINE. Lettres politiques. 1

F. PUAUX

HISTOIRE DE LA RÉFORMATION FRANÇAISE. 6

LOUIS RATISBONNE

L'ENFER DU DANTE, traduction en vers, texte en regard. — 3e *édition*. . . . 2
Ouvrage couronné par l'Académie française.
LE PURGATOIRE DU DANTE, traduit en vers, texte en regard. 2
LE PARADIS DU DANTE, traduit en vers, texte en regard. 2
IMPRESSIONS LITTÉRAIRES 1
MORTS ET VIVANTS. — Nouvelles Impressions littéraires. 1

PAUL DE RÉMUSAT

LES SCIENCES NATURELLES. Études sur leur histoire et sur leurs plus récents progrès 1

D. JOSE GUELL Y RENTE

LÉGENDES AMÉRICAINES. 1
LÉGENDES D'UNE AME TRISTE. 1
TRADITIONS AMÉRICAINES 1
LA VIERGE DES LYS. — PETITE FILLE DE ROI. 1

LOUIS REYBAUD vol.

LA COMTESSE DE MAULÉON. 1
JÉRÔME PATUROT A LA RECHERCHE D'UNE POSITION SOCIALE. — *Nouvelle édition*. 1
JÉRÔME PATUROT A LA RECHERCHE DE LA MEILLEURE DES RÉPUBLIQUES. — *Nouvelle édition* 2
MARINES ET VOYAGES. 1
MŒURS ET PORTRAITS DU TEMPS. . . . 2
NOUVELLES 1
ROMANS. 1
SCÈNES DE LA VIE MODERNE. 1
LA VIE A REBOURS. 1
LA VIE DE CORSAIRE. 1
LA VIE DE L'EMPLOYÉ. 1

CHARLES REYNAUD

ÉPÎTRES, CONTES ET PASTORALES. . . 1
ŒUVRES INÉDITES 1

HENRI RIVIÈRE

LA MAIN COUPÉE 1

AMÉDÉE ROLLAND

LA FOIRE AUX MARIAGES.— 2e *édition* 1

JEAN ROUSSEAU

PARIS DANSANT.— 2e *édition*. 1

C.-A. SAINTE-BEUVE
de l'Académie française

NOUVEAUX LUNDIS (*Sous presse*). . . . 2

SAINT-RÉNÉ TAILLANDIER

ALLEMAGNE ET RUSSIE. Études historiques et littéraires. 1
LA COMTESSE D'ALBANY. . . . .
HISTOIRE ET PHILOSOPHIE RELIGIEUSE. 1
LITTÉRATURE ÉTRANGÈRE. — ÉCRIVAINS ET POÈTES MODERNES 1

GEORGE SAND
ŒUVRES CHOISIES

ANDRÉ. 1
LES AMOURS DE L'AGE D'OR. 1
AUTOUR DE LA TABLE. 1
CONSTANCE VERRIER. 1
ELLE ET LUI 1
LA FAMILLE DE GERMANDRE. 1
INDIANA. 1
JEAN DE LA ROCHE 1
LES MAITRES MOSAISTES. 1
LES MAÎTRES SONNEURS. 1
LA MARE AU DIABLE. 1
LE MARQUIS DE VILLEMER. 1
MAUPRAT. 1
MONT-REVÊCHE. 1
NOUVELLES 1
TAMARIS 1
THÉATRE COMPLET. 3
VALENTINE. 1
VALVÈDRE 1
LA VILLE NOIRE. 1

MAURICE SAND

SIX MILLE LIEUES A TOUTE VAPEUR. . . . 1

JULES SANDEAU
De l'Académie française

CATHERINE. — *Nouvelle édition*. . . 1
UN DÉBUT DANS LA MAGISTRATURE (*S. pr.*) 1
LA MAISON DE PENARVAN.— 7e *édition* 1

AURÉLIEN SCHOLL vol.

HISTOIRE D'UN PREMIER AMOUR. . . . 1

EUGÈNE SCRIBE

HISTORIETTES ET PROVERBES 1

WILLIAM N. SENIOR

LA TURQUIE CONTEMPORAINE. 1

DE STENDHAL (H. BEYLE)

ŒUVRES COMPLÈTES

DE L'AMOUR. *Seule édition complète.* 1

LA CHARTREUSE DE PARME. *Nouv. éd.* 1

CHRONIQUES ITALIENNES 1

CORRESPONDANCE INÉDITE, précédée d'une Introduction par Prosper Mérimée, de l'Académie française, ornée d'un beau portrait de Stendhal. 2

HISTOIRE DE LA PEINTURE EN ITALIE, *seule édition complète* entièrement revue et corrigée. 1

MÉMOIRES D'UN TOURISTE. *Nouvelle édition* revue et augmentée d'une grande partie entièrement inédite. . 2

NOUVELLES INÉDITES 1

NOUVELLES ET MÉLANGES. (*Sous pr.*). 1

PROMENADES DANS ROME. *Nouv. édition* avec fragments inédits 2

RACINE ET SHAKSPEARE, Etudes sur le Romantisme. — *Nouv. édition* entièrement revue et augmentée d'un grand nombre de fragments inédits. 1

ROMANS ET NOUVELLES, précédés d'une Notice sur STENDHAL, par M. R. COLOMB 1

ROME, NAPLES ET FLORENCE. *Nouvelle édition* entièrement revue et corrigée 1

LE ROUGE ET LE NOIR. *Nouv. édition* 1

VIE DE ROSSINI. *Nouv. édition*, entièrement revue et augmentée 1

VIES DE HAYDN, DE MOZART ET DE MÉTASTASE. *Nouvelle édition* entièrement revue. 1

DANIEL STERN

FLORENCE ET TURIN, Souvenirs et Espérances 1

JEAN STEV

LE OUI ET LE NON DES FEMMES 1

EDMOND TEXIER

CONTES ET VOYAGES 1

CRITIQUES ET RÉCITS LITTÉRAIRES. . . 1

CH. THIERRY-MIEG

SIX SEMAINES EN AFRIQUE, Souvenirs de voyage, avec une carte itinéraire de *V. A. Malte-Brun* et 9 dessins de *Worms*. 1

A. THIERS

HISTOIRE DE LAW 1

ÉMILE THOMAS

HISTOIRE DES ATELIERS NATIONAUX, considérés sous le double point de vue politique et social; des causes de leur formation et de leur existence; et de l'influence qu'ils ont exercée sur les évènements des quatre premiers mois de la République; suivie de pièces justificatives. 1

MARIO UCHARD vol.

RAYMON.. — 2e *édition*. 1

LOUIS ULBACH

MONSIEUR ET MADAME FERNEL. — 5e *éd.* 1

E. DE VALBEZEN

(*Le major Fridolin*)

LA MALLE DE L'INDE. — 2e *édition*. . 1

RÉCITS D'HIER ET D'AUJOURD'HUI. — Nouvelles. 1

AUGUSTE VACQUERIE

PROFILS ET GRIMACES. 1

OSCAR DE VALLÉE

LES MANIEURS D'ARGENT. Études historiques et morales (1720-1857). — 4e *édition, revue et précédée d'une nouvelle introduction*. 1

MAX VALREY

CES PAUVRES FEMMES ! 1

THÉODORE VERNES

NAPLES ET LES NAPOLITAINS. — 2e *édit.* 1

CLAUDE VIGNON

JEANNE DE MAUGUET, mœurs de province. 1

SAMUEL VINCENT

DU PROTESTANTISME EN FRANCE. — *Nouvelle édition*, précédée d'une introduction de M. PRÉVOST-PARADOL. . 1

LÉON VINGTAIN

DE LA LIBERTÉ DE LA PRESSE, avec un Appendice contenant les avertissements, suspensions et suppressions encourus par la presse quotidienne et périodique, depuis 1848 jusqu'à nos jours 1

VIE PUBLIQUE DE ROYER-COLLARD, Études parlementaires, avec une préface de M. *A. de Broglie*. 1

L. VITET

de l'Académie française

ESSAIS HISTORIQUES ET LITTÉRAIRES. 1

LA LIGUE. — SCÈNES HISTORIQUES : Les Etats de Blois. — Histoire de la Ligue. — Les Barricades. — La mort de Henri III. — Précédées des ÉTATS D'ORLÉANS, SCÈNES HISTORIQUES. — *Nouvelle édition, revue et corrigée*. 2

HISTOIRE DE DIEPPE. — *Nouvelle édit. revue et augmentée* (*Sous presse*). 1

ÉTUDES SUR L'HISTOIRE DE LA PEINTURE, en Italie, en France et dans les Pays-Bas (*Sous presse*). 1

RICHARD WAGNER

QUATRE POEMES D'OPÉRAS ALLEMANDS traduits en prose française 1

FRANCIS WEY

CHRISTIAN (*roman inédit*). 1

E. YEMENIZ

Consul de Grèce.

LA GRÈCE MODERNE. — Héros et Poètes. 1

BIBLIOTHÈQUE NOUVELLE

Format grand in-18 à 2 francs le volume

EDMOND ABOUT	vol.
LE CAS DE M. GUÉRIN	1

AMÉDÉE ACHARD

BELLE-ROSE. 1
NELLY. 1

ALBERT AUBERT

LES ILLUSIONS DE JEUNESSE DE M. BOUDIN. 1

BABAUD-LARIBIÈRE

HISTOIRE DE L'ASSEMBLÉE NATIONALE CONSTITUANTE 2

H. DE BARTHÉLEMY

LA NOBLESSE EN FRANCE, avant et depuis 1789. 1

FRÉDÉRIC BÉCHARD

LES EXISTENCES DÉCLASSÉES. — 3e *édition*. 1
UN ÉCHAPPÉ DE PARIS. — 2e série des *Existences déclassées*. 1

GEORGES BELL

LES REVANCHES DE L'AMOUR. 1

PIERRE BERNARD

L'A B C DE L'ESPRIT ET DU CŒUR. . . . 1

ALBERT BLANQUET

LE ROI D'ITALIE, roman historique. . . 1

RAOUL BRAVARD

CES SAVOYARDS!. 1

E. BRISEBARRE & E. NUS

LES DRAMES DE LA VIE. 2

CLÉMENT CARAGUEL

SOUVENIRS ET AVENTURES D'UN VOLONTAIRE GARIBALDIEN. 1

COMTESSE DE CHABRILLAN

EST-IL FOU?. 1
MISS PEWEL. 1

EUGÈNE CHAPUS

LES HALTES DE CHASSE. — 2e *édition*. 1

ÉMILE CHEVALIER

LES PIEDS-NOIRS. 1

A. CONSTANT

LE SORCIER DE MEUDON. 1

COMTESSE DASH

LE LIVRE DES FEMMES. 1

ÉDOUARD DELESSERT	vol.
LE CHEMIN DE ROME.	1

CH. DESLYS

SUR LA CÔTE NORMANDE. 1

CH. DICKENS

Traduction Amédée Pichot

HISTORIETTES ET RÉCITS DU FOYER. . . 1

CH. DOLLFUS

LE CALVAIRE. 1
LIBERTÉ ET CENTRALISATION. 1

MAXIME DUCAMP

LES CHANTS MODERNES. 1
LE CHEVALIER DU CŒUR-SAIGNANT . . . 1
L'HOMME AU BRACELET D'OR. 1
LE NIL (Égypte et Nubie). — 2e *édition*. 1
LE SALON DE 1859. 1
LE SALON DE 1861. 1

ALEXANDRE DUMAS

L'ART ET LES ARTISTES CONTEMPORAINS au salon de 1859. 1
UNE AVENTURE D'AMOUR 1
LES COMPAGNONS DE JÉHU. 2
LA MARQUISE D'ESCOMAN. 2
MONSIEUR COUMBES. 1
DE PARIS A ASTRAKAN. — 1re, 2e et 3e *séries*. 3

ANTOINE GANDON

LES TRENTE-DEUX DUELS DE JEAN GIGON. — 9e *édition*. 1
LE GRAND GODARD. — 4e *édition*. . . . 1

ÉMILE DE GIRARDIN

BON SENS, BONNE FOI 1
LE DROIT AU TRAVAIL au Luxembourg et à l'Assemblée nationale. . . . . . [illegible]
ÉTUDES POLITIQUES, *nouvelle édition*. 1
LE POUR ET LE CONTRE. 1
QUESTIONS ADMINISTRATIVES ET FINANCIÈRES. 1

EDMOND ET JULES DE GONCOURT

SŒUR PHILOMÈNE 1

ÉDOUARD GOURDON

LOUISE. — 10e *édition*. 1
LES FAUCHEURS DE NUIT. — 3e *édition*. 1

LÉON GOZLAN

L'AMOUR DES LÈVRES ET L'AMOUR DU CŒUR 1
ARISTIDE FROISSART. 1
GEORGES III. 1

Mme MARIE DE GRANFORT

OCTAVE. — COMMENT ON S'AIME QUAND ON NE S'AIME PLUS. 1

ŒUVRES COMPLÈTES

DE

H. DE BALZAC

NOUVELLE ÉDITION, COMPLÈTE EN 45 VOLUMES

à 1 fr. 25 centimes le volume (Chaque volume se vend séparément)

Les œuvres que BALZAC a désignées sous le titre de :

Comédie humaine, forment dans cette édition . . . . 40 volumes.
Les Contes drôlatiques . . . . 3 —
Le Théâtre, la seule édition complète . . . . 2 —

CLASSIFICATION D'APRÈS LES INDICATIONS DE L'AUTEUR :

COMÉDIE HUMAINE

SCÈNES DE LA VIE PRIVÉE

Tome 1. — LA MAISON DU CHAT QUI PELOTTE. Le Bal de Sceaux. La Bourse. La Vendetta. Madame Firmiani. Une double Famille.

Tome. 2. — LA PAIX DU MÉNAGE. La fausse Maîtresse. Étude de Femme. Autre Étude de Femme. La grande Bretèche. Albert Savarus.

Tome 3. — LES MÉMOIRES DE DEUX JEUNES MARIÉES. Une Fille d'Ève.

Tome 4. — LA FEMME DE TRENTE ANS. La Femme abandonnée. La Grenadière. Le Message. Gobseck.

Tome 5. — LE CONTRAT DE MARIAGE. Un Début dans la Vie.

Tome 6. — MODESTE MIGNON.

Tome 7. — BÉATRIX.

Tome 8. — HONORINE. Le colonel Chabert. La Messe de l'Athée. L'Interdiction. Pierre Grassou.

SCÈNES DE LA VIE DE PROVINCE

Tome 9. — URSULE MIROUET.

Tome 10. — EUGÉNIE GRANDET.

Tome 11. — LES CÉLIBATAIRES I. Pierrette. Le Curé de Tours.

Tome 12. — LES CÉLIBATAIRES II. Un Ménage de Garçon.

Tome 13. — LES PARISIENS EN PROVINCE. L'illustre Gaudissart. La Muse du département.

Tome 14. — LES RIVALITÉS. La Vieille Fille. Le Cabinet des Antiques.

Tome 15. — LE LYS DANS LA VALLÉE.

Tome 16. — ILLUSIONS PERDUES I. Les deux Poètes. Un Grand homme de province à Paris, 1re partie.

Tome 17. — ILLUSIONS PERDUES, II. Un Grand homme de province, 2e partie. Ève et David.

SCÈNES DE LA VIE PARISIENNE

Tome 18. — SPLENDEURS ET MISÈRES DES COURTISANES. Esther heureuse. A combien l'amour revient aux Vieillards. Où mènent les mauvais chemins.

Tome 19. — LA DERNIÈRE INCARNATION DE VAUTRIN. Un Prince de la Bohême. Un Homme d'affaires. Gaudissart II. Les Comédiens sans le savoir.

Tome 20. — HISTOIRE DES TREIZE. Ferragus. La duchesse de Langeais. La Fille aux yeux d'or.

Tome 21. — LE PÈRE GORIOT.

Tome 22. — CÉSAR BIROTTEAU.

Tome 23. — LA MAISON NUCINGEN. Les Secrets de la princesse de Cadignan. Les Employés. Sarrasine. Facino cane.

Tome 24. — LES PARENTS PAUVRES, I. La Cousine Bette.

Tome 25. — LES PARENTS PAUVRES, II. Le Cousin Pons.

SCÈNES DE LA VIE POLITIQUE

Tome 26. — UNE TÉNÉBREUSE AFFAIRE. Un Épisode sous la Terreur.

Tome 27. — L'ENVERS DE L'HISTOIRE CONTEMPORAINE. Madame de la Chanterie. L'Initié. Z. Marcas.

Tome 28. — LE DÉPUTÉ D'ARCIS.

SCÈNES DE LA VIE MILITAIRE

Tome 29. — LES CHOUANS. Une Passion dans le Désert.

SCÈNES DE LA VIE DE CAMPAGNE

Tome 30. — LE MÉDECIN DE CAMPAGNE.

Tome 31. — LE CURÉ DE VILLAGE.

Tome 32. — LES PAYSANS.

ÉTUDES PHILOSOPHIQUES

Tome 33. — LA PEAU DE CHAGRIN.

Tome 34. — LA RECHERCHE DE L'ABSOLU. Jésus-Christ en Flandre. Melmoth réconcilié. Le Chef-d'œuvre inconnu.

Tome 35. — L'ENFANT MAUDIT. Gambara. Massimilia Doni.

Tome 36. — LES MARANA. Adieu. Le Réquisitionnaire. El Verdugo. Un Drame au bord de la mer. L'Auberge rouge. L'Elixir de longue vie. Maître Cornélius.

Tome 37. — SUR CATHERINE DE MÉDICIS. Le Martyr calviniste. La confidence des Ruggieri. Les deux rêves.

Tome 38. — LOUIS LAMBERT. Les Proscrits. Seraphita.

ÉTUDES ANALYTIQUES

Tome 39. — PHYSIOLOGIE DU MARIAGE.

Tome 40. — PETITES MISÈRES DE LA VIE CONJUGALE.

CONTES DROLATIQUES

Tome 41. 1er *dixain*. — LA BELLE IMPÉRIA. Le Péché véniel. La mye du roy.

L'Héritier du diable. Les Joyeulsetés du roy loys le unziesme. La Connestable. La Pucelle de Thilhouse. Le Frere d'armes. Le Curé d'Azay-le-Rideau. L'Apostrophe.

Tome 42. 2e *dixain.* — LES TROIS CLERCS DE SAINCT-NICHOLAS. Le jeusne de Françoys premier. Les bons proupos des religieuses de Poissy. Comment feut Basty le chasteau d'Azay. La faulse courtisane. Le dangier d'estre trop cocquebin. La chiere nuictée d'amour. Le prosne du joyeulx curé de Meudon. Le Succube. Désespérance d'amour.

Tome 43. 3me *dixain.* — Persévérance d'amour. D'ung iusticiard qui ne se remembroyt les chouses. Sur le moyne Amador, qui feut un glorieux abbé de Turpenay. Berthe la repentie. Comment la belle fille de Portillon quinaulda son iuge. Cy est remonstré que la fortune est touiours femelle. D'ung paouvre qui avoyt nom le vieulx par-chemins. Dires incongrus de trois pèlerins. Naïfveté. La belle impéria mariée.

THÉATRE

Tome 44. — VAUTRIN, drame en 5 actes. Les Ressources de Quinola, comédie en 5 actes et un prologue. Paméla Giraud, pièce en 5 actes.

Tome 45. — LA MARATRE, drame intime en 5 actes et 8 tableaux. Le Faiseur (Mercadet), comédie en 5 actes (entièrement conforme au manuscrit de l'auteur.)

OUVRAGES DE DIVERS FORMATS

fr. c.

GEORGES BELL

LE MIROIR DE CAGLIOSTRO (Hypnotisme). — 1 vol. in-18. . . . . . . 1 »

J. BRUNTON

LES 40 PRÉCEPTES DU JEU DE WHIST. 1 50

EUGÈNE CHAPUS

MANUEL DE L'HOMME ET DE LA FEMME COMME IL FAUT. — 1 vol. in-18. . . 1 »

CHARLES CLÉMENT

MICHEL-ANGE, LÉONARD DE VINCI, RAPHAEL, avec Catalogues raisonnés, historiques et bibliographiques. — 1 gros vol. in-18. . . . . 5 »

LOUIS JOURDAN

LES PRIÈRES DE LUDOVIC. — 1 v. in-32 1 »

LASSABATHIE

Administrateur du Conservatoire

HISTOIRE DU CONSERVATOIRE IMPÉRIAL DE MUSIQUE ET DE DÉCLAMATION, suivie de documents recueillis et mis en ordre. — 1 vol. grand in-18. . . . . 5 »

AUGUSTE LUCHET

LA CÔTE D'OR A VOL D'OISEAU. — 1 v. grand in-18. . . . . 2 »

LA SCIENCE DU VIN. — 1 v. gr. in-18. 2 50

fr. c.

CÉLESTE MOGADOR

MÉMOIRES COMPLETS. — 4 v. gr. in-18 10 »

fr. c.

P. MORIN

COMMENT L'ESPRIT VIENT AUX TABLES. — 1 vol. in-18. . . . . 1 50

LE PRINCE DE LA MOSKOWA

LE SIÉGE DE VALENCIENNES, 1 vol. in-18, avec carte. . . . . 1 »

A. PEYRAT

UN NOUVEAU DOGME, histoire de l'Immaculée Conception. — 1 vol. in-18 1 »

LE DOCTEUR RAULAND

LE LIVRE DES ÉPOUX. — Guide pour la guérison de l'Impuissance, de la Stérilité et de toutes les maladies des organes génitaux. — 1 fort vol. gr. in-18. . . . . 4 »

LE Dr FÉLIX ROUBAUD

Inspect. des Eaux min. de Pougues (Nièvre)

LA DANSE DES TABLES, Phénomènes phisiologiques démontrés, avec gravure explicative. — 2e *édition.* — 1 vol. in-18. . . . . 1 »

LES EAUX MINÉRALES DE LA FRANCE. Guide du médecin praticien et du malade. — 1 fort vol. gr. in-18 broché, 4 fr.; relié . . . . 5 »

Mme ADAM SALOMON

DE L'ÉDUCATION D'APRÈS PANHOEIPAN. — 1 joli vol. in-32. . . . . . 1 »

ÉTUDES CONTEMPORAINES

Format in-18

ODILON BARROT

DE LA CENTRALISATION ET DE SES EFFETS. — 1 vol. . . . . 1 »

LE PRINCE A. DE BROGLIE

UNE RÉFORME ADMINISTRATIVE EN AFRIQUE. — 1 vol. 1 50

ÉDOUARD DELPRAT

L'ADMINISTRATION ET LA PRESSE. 1 v. 1 »

A. GERMAIN

MARTYROLOGE DE LA PRESSE. 1 vol. 2 50

LE COMTE D'HAUSSONVILLE

LETTRE AU SÉNAT. — 1 vol. . . . . 1 »

LÉONCE DE LAVERGNE

LA CONSTITUTION DE 1852 ET LE DÉCRET DU 24 NOVEMBRE. — 1 vol. 1 »

ED. DE SONNIER

LES DROITS POLITIQUES DANS LES ÉLECTIONS. — Manuel de l'Électeur et du Candidat. — 1 vol. . . 1 »

***

LA LIBERTÉ RELIGIEUSE ET LA LÉGISLATION ACTUELLE. — 1 vol. . . 1 »

COLLECTION MICHEL LÉVY

ET BIBLIOTHÈQUE DE LA LIBRAIRIE NOUVELLE

1 franc le volume grand in-18 de 350 à 400 pages

AMÉDÉE ACHARD — vol.

BRUNES ET BLONDES 1
LA CHASSE ROYALE 2
LES DERNIÈRES MARQUISES 1
LES FEMMES HONNÊTES 1
PARISIENNES ET PROVINCIALES 1
LES PETITS FILS DE LOVELACE 1
LES RÊVEURS DE PARIS 1
LA ROBE DE NESSUS 1

ACHIM D'ARNIM

Traduction Th. Gautier fils.

CONTES BIZARRES 1

ADOLPHE ADAM

SOUVENIRS D'UN MUSICIEN 1
DERNIERS SOUVENIRS D'UN MUSICIEN . 1

GUSTAVE D'ALAUX

L'EMPEREUR SOULOUQUE ET SON EMPIRE 1

***

MADAME LA DUCHESSE D'ORLÉANS, HÉLÈNE DE MECKLEMBOURG-SCHWERIN . 1

***

SOUVENIRS D'UN OFFICIER DU 2e DE ZOUAVES 1

ALFRED ASSOLLANT

HISTOIRE FANTASTIQUE DE PIERROT . . . 1

XAVIER AUBRYET

LA FEMME DE VINGT-CINQ ANS 1

ÉMILE AUGIER

POÉSIES COMPLÈTES 1

***

LES ZOUAVES ET LES CHASSEURS A PIED . 1

J. AUTRAN

MILIANAH (épisode des guerres d'Afriq.) . 1

THÉODORE DE BANVILLE

ODES FUNAMBULESQUES 1

CHARLES BARBARA

HISTOIRES ÉMOUVANTES 1

J. BARBEY D'AUREVILLY

L'AMOUR IMPOSSIBLE 1
L'ENSORCELÉE 1

ROGER DE BEAUVOIR

AVENTURIÈRES ET COURTISANES . . . 1
LE CABARET DES MORTS 1

ROGER DE BEAUVOIR (*Suite*) — vol.

LE CHEVALIER DE CHARNY 1
LE CHEVALIER DE SAINT-GEORGES . . . 1
HISTOIRES CAVALIÈRES 1
LA LESCOMBAT 1
MADEMOISELLE DE CHOISY 1
LE MOULIN D'HEILLY 1
LE PAUVRE DIABLE 1
LES SOIRÉES DU LIDO 1
LES TROIS ROHAN 1

Mme ROGER DE BEAUVOIR

CONFIDENCES DE MADelle MARS 1
SOUS LE MASQUE 1

HENRI BÉCHADE

LA CHASSE EN ALGÉRIE 1

Mme BEECHER STOWE

Traduction par E. Forcade

SOUVENIRS HEUREUX 3

GEORGES BELL

SCÈNES DE LA VIE DE CHATEAU 1

A. DE BERNARD

LE PORTRAIT DE LA MARQUISE 1

CHARLES DE BERNARD

LES AILES D'ICARE 1
UN BEAU-PÈRE 2
L'ÉCUEIL 1
LE GENTILHOMME CAMPAGNARD 2
GERFAUT 1
UN HOMME SÉRIEUX 1
LE NŒUD GORDIEN 1
LE PARATONNERRE 1
LE PARAVENT 1
LA PEAU DU LION ET LA CHASSE AUX AMANTS 1

ÉLIE BERTHET

LA BASTIDE ROUGE 1
LES CHAUFFEURS 1
LE DERNIER IRLANDAIS 1
LA ROCHE TREMBLANTE 1

Mme CAROLINE BERTON

LE BONHEUR IMPOSSIBLE 1
ROSETTE 1

H. BLAZE DE BURY

MUSICIENS CONTEMPORAINS 1

CH. DE BOIGNE

LES PETITS MÉMOIRES DE L'OPÉRA . . . 1

ALEXANDRE DUMAS (*Suite*).

	vol.
LES BALEINIERS	2
LE BATARD DE MAULÉON	3
BLACK	1
LA BOUILLIE DE LA COMTESSE BERTHE	1
LA BOULE DE NEIGE	1
BRIC-A-BRAC	2
UN CADET DE FAMILLE	3
LE CAPITAINE PAMPHILE	1
LE CAPITAINE PAUL	1
LE CAPITAINE RICHARD	1
CATHERINE BLUM	1
CAUSERIES	2
CÉCILE	1
CHARLES LE TÉMÉRAIRE	2
LE CHASSEUR DE SAUVAGINE	1
LE CHATEAU D'EPPSTEIN	2
LE CHEVALIER D'HARMENTAL	2
LE CHEVALIER DE MAISON-ROUGE	2
LE COLLIER DE LA REINE	3
LE COMTE DE MONTE-CRISTO	6
LA COMTESSE DE CHARNY	6
LA COMTESSE DE SALISBURY	2
CONSCIENCE L'INNOCENT	2
LA DAME DE MONSOREAU	3
LES DEUX DIANE	3
DIEU DISPOSE	2
LES DRAMES DE LA MER	1
LA FEMME AU COLLIER DE VELOURS	1
FERNANDE	1
UNE FILLE DU RÉGENT	1
LES FRÈRES CORSES	1
GABRIEL LAMBERT	1
GAULE ET FRANCE	1
GEORGES	1
UN GIL BLAS EN CALIFORNIE	1
LA GUERRE DES FEMMES	2
HISTOIRE D'UN CASSE-NOISETTE	1
L'HOROSCOPE	1
IMPRESSIONS DE VOYAGE.—SUISSE	3
— UNE ANNÉE A FLORENCE	1
— L'ARABIE HEUREUSE	3
— LES BORDS DU RHIN	2
— LE CAPITAINE ARÉNA	1
— DE PARIS A CADIX	2
— QUINZE JOURS AU SINAÏ	1
— LE SPÉRONARE	2
— LE VÉLOCE	2
INGÉNUE	2
ISABEL DE BAVIÈRE	2
ITALIENS ET FLAMANDS	2
JANE	1
JEHANNE LA PUCELLE	1
LES LOUVES DE MACHECOUL	3
LA MAISON DE GLACE	2
LE MAÎTRE D'ARMES	1
LES MARIAGES DU PÈRE OLIFUS	1
LES MÉDICIS	1
MÉMOIRES DE GARIBALDI	2
MÉMOIRES D'UNE AVEUGLE	2
MÉMOIRES D'UN MÉDECIN (BALSAMO)	5
LE MENEUR DE LOUPS	1
LES MILLE ET UN FANTÔMES	1
LES MOHICANS DE PARIS	4
LES MORTS VONT VITE	2
NAPOLÉON	1
UNE NUIT A FLORENCE	1
OLYMPE DE CLÈVES	3
LE PAGE DU DUC DE SAVOIE	2
LE PASTEUR D'ASHBOURN	2
PAULINE ET PASCAL BRUNO	1
LE PÈRE GIGOGNE	2
LE PÈRE LA RUINE	1
LA PRINCESSE FLORA	1
LES QUARANTE-CINQ	3
LA REINE MARGOT	2
LA ROUTE DE VARENNES	1
SALVATOR	4
SOUVENIRS D'ANTONY	1
SULTANETTA	1
SYLVANDIRE	1
LE TESTAMENT DE M. CHAUVELIN	1
TROIS MAÎTRES	1
LES TROIS MOUSQUETAIRES	2
LE TROU DE L'ENFER	1
LA TULIPE NOIRE	1
LE VICOMTE DE BRAGELONNE	6
LA VIE AU DÉSERT	2
UNE VIE D'ARTISTE	1
VINGT ANS APRÈS	3

ALEXANDRE DUMAS FILS

ANTONINE	1
AVENTURES DE QUATRE FEMMES	1
LA BOITE D'ARGENT	1
LA DAME AUX CAMÉLIAS	1
LA DAME AUX PERLES	1
DIANE DE LYS	1
LE DOCTEUR SERVANS	1
LE RÉGENT MUSTEL	1
LE ROMAN D'UNE FEMME	1
TROIS HOMMES FORTS	1
LA VIE A VINGT ANS	1

HENRI DUPIN

CINQ COUPS DE SONNETTE	1

MISS EDGEWORTH

Traduction Jousselin.

DEMAIN	1

GABRIEL D'ENTRAGUES

HISTOIRES D'AMOUR ET D'ARGENT	1

ERCKMANN-CHATRIAN

L'ILLUSTRE DOCTEUR MATHÉUS	1

XAVIER EYMA

AVENTURIERS ET CORSAIRES	1
LES FEMMES DU NOUVEAU MONDE	1
LES PEAUX NOIRES	1
LES PEAUX ROUGES	1
LE ROI DES TROPIQUES	1
LE TRÔNE D'ARGENT	1

PAUL FÉVAL

ALIZIA PAULI	1
LES AMOURS DE PARIS	2
LE BERCEAU DE PARIS	1
BLANCHEFLEUR	1
LE BOSSU OU LE PETIT PARISIEN	3
LE CAPITAINE SIMON	1

ALPHONSE KARR (*Suite*). vol.

CONTES ET NOUVELLES. 1
DEVANT LES TISONS. 1
LES FEMMES. 1
ENCORE LES FEMMES. 1
LA FAMILLE ALAIN. 1
FEU BRESSIER. 1
LES FLEURS 1
GENEVIÈVE. 1
LES GUÊPES 6
HORTENSE. 1
MENUS PROPOS 1
MIDI A QUATORZE HEURES 1
LA PÊCHE EN EAU DOUCE ET EN EAU SALÉE. 1
LA PÉNÉLOPE NORMANDE. 1
UNE POIGNÉE DE VÉRITÉS. 1
PROMENADES HORS DE MON JARDIN. . . . 1
RAOUL. 1
ROSES NOIRES ET ROSES BLEUES. 1
LES SOIRÉES DE SAINTE-ADRESSE 1
SOUS LES ORANGERS. 1
SOUS LES TILLEULS 1
TROIS CENTS PAGES 1
VOYAGE AUTOUR DE MON JARDIN 1

KAUFFMANN

BRILLAT LE MENUISIER 1

LEOPOLD KOMPERT

Traduction Daniel Stauben

LES JUIFS DE LA BOHÊME. 1
SCÈNES DU GHETTO. 1

DE LACRETELLE

LA POSTE AUX CHEVAUX. 1

Mme LAFARGE

Née Marie Capelle

HEURES DE PRISON 1

CHARLES LAFONT

LES LÉGENDES DE LA CHARITÉ. 1

STEPHEN DE LA MADELAINE

LE SECRET D'UNE RENOMMÉE. 1

JULES DE LA MADELÈNE

LES AMES EN PEINE. 1
LE MARQUIS DES SAFFRAS 1

A. DE LAMARTINE

LES CONFIDENCES. 1
GENEVIÈVE, HISTOIRE D'UNE SERVANTE. 1
GRAZIELLA. 1
NOUVELLES CONFIDENCES. 1
TOUSSAINT LOUVERTURE. 1

VICTOR DE LAPRADE

PSYCHÉ. 1

CHARLES DE LA ROUNAT

LA COMÉDIE DE L'AMOUR. 1

THÉOPHILE LAVALLÉE

HISTOIRE DE PARIS. 2

JULES LECOMTE

LE POIGNARD DE CRISTAL. 1

CARLE LEDHUY. vol.

LE CAPITAINE D'AVENTURES. 1

LEOUZON LE DUC

L'EMPEREUR ALEXANDRE II 1

LOUIS LURINE

ICI L'ON AIME. 1

FÉLICIEN MALLEFILLE

LE CAPITAINE LAROSE. 1
MARCEL. 1
MÉMOIRES DE DON JUAN. 1
MONSIEUR CORBEAU. 1

CH. MARCOTTE DE QUIVIÈRES

DEUX ANS EN AFRIQUE, avec une introduction du bibliophile *Jacob*. . . . 1

X. MARMIER

AU BORD DE LA NÉVA. 1
LES DRAMES INTIMES. 1
UNE GRANDE DAME RUSSE. 1
HISTOIRES ALLEMANDES ET SCANDINAVES. 1

LE DOCTEUR FÉLIX MAYNARD

UN DRAME DANS LES MERS BORÉALES. . 1
JOURNAL D'UNE DAME ANGLAISE. — De Delhi à Cawnpore. 1
VOYAGES ET AVENTURES AU CHILI. . . . 1

MÉRY

ANDRÉ CHÉNIER. 1
LA CHASSE AU CHASTRE. 1
LE CHATEAU DES TROIS TOURS 1
LE CHATEAU VERT. 1
UNE CONSPIRATION AU LOUVRE 1
LES DAMNÉS DE L'INDE. 1
UNE HISTOIRE DE FAMILLE. 1
UNE NUIT DU MIDI 1
LES NUITS ANGLAISES 1
LES NUITS D'ORIENT. 1
LES NUITS ESPAGNOLES. 1
LES NUITS ITALIENNES. 1
LES NUITS PARISIENNES 1
SALONS ET SOUTERRAINS DE PARIS. . . . 1

PAUL MEURICE

SCÈNES DU FOYER (LA FAMILLE AUBRY). 1
LES TYRANS DE VILLAGE. 1

PAUL DE MOLÈNES

AVENTURES DU TEMPS PASSÉ 1
CARACTÈRES ET RÉCITS DU TEMPS. . . . 1
CHRONIQUES CONTEMPORAINES. 1
HISTOIRES INTIMES. 1
HISTOIRES SENTIMENTALES ET MILITAIRES 1
MÉMOIRES D'UN GENTILHOMME DU SIÈCLE DERNIER. 1

MOLIÈRE

(ŒUVRES COMPLÈTES) *nouvelle édition publiée par* PHILARÈTE CHASLES . . 5

Mme MOLINOS-LAFITTE

L'ÉDUCATION DU FOYER. 1

HENRY MONNIER

MÉMOIRES DE M. JOSEPH PRUDHOMME 1

CHARLES MONSELET

M. DE CUPIDON 1

GEORGE SAND (*Suite*) vol.

ISIDORA	1
JACQUES	1
JEANNE	1
LELIA. — Métella. — Melchior. — Cora.	2
LETTRES D'UN VOYAGEUR	1
LUCREZIA FLORIANI. — Lavinia	1
LES MAITRES SONNEURS	1
LE MEUNIER D'ANGIBAULT	1
NARCISSE	1
LE PÉCHÉ DE M. ANTOINE	2
LA PETITE FADETTE	1
LE PICCININO	2
LE SECRÉTAIRE INTIME	1
SIMON	1
TEVERINO. — Léone Léoni	1
L'USCOQUE	1

JULES SANDEAU

CATHERINE	1
NOUVELLES	1
SACS ET PARCHEMINS	1

EUGÈNE SCRIBE

NOUVELLES	1
PIQUILLO ALLIAGA	3
THÉATRE (Ouvrage complet)	20
COMÉDIES	3
OPÉRAS	2
OPÉRAS-COMIQUES	5
COMÉDIES-VAUDEVILLES	10

ALBÉRIC SECOND

A QUOI TIENT L'AMOUR	1
CONTES SANS PRÉTENTION	1

FRÉDÉRIC SOULIÉ

AU JOUR LE JOUR	1
LES AVENTURES DE SATURNIN FICHET	2
LE BANANIER. — EULALIE PONTOIS	1
LE CHÂTEAU DES PYRÉNÉES	2
LE COMTE DE FOIX	1
LE COMTE DE TOULOUSE	1
LA COMTESSE DE MONRION	1
CONFESSION GÉNÉRALE	2
LE CONSEILLER D'ÉTAT	1
CONTES POUR LES ENFANTS	1
LES DEUX CADAVRES	1
DIANE ET LOUISE	1
LES DRAMES INCONNUS	4
LA MAISON N° 3 DE LA RUE DE PROVENCE	1
AVENTURES D'UN CADET DE FAMILLE	1
LES AMOURS DE VICTOR BONSENNE	1
OLIVIER DUHAMEL	1
UN ÉTÉ A MEUDON	1
LES FORGERONS	1
HUIT JOURS AU CHATEAU	1
LA LIONNE	1
LE MAGNÉTISEUR	1
UN MALHEUR COMPLET	1
MARGUERITE. — LE MAÎTRE D'ÉCOLE	1
LES MÉMOIRES DU DIABLE	2
LE PORT DE CRÉTEIL	1
LES PRÉTENDUS	1

FRÉDÉRIC SOULIÉ (*Suite*). vol.

LES QUATRE ÉPOQUES	1
LES QUATRE NAPOLITAINES	2
LES QUATRE SŒURS	1
UN RÊVE D'AMOUR. — LA CHAMBRIÈRE	1
SATHANIEL	1
SI JEUNESSE SAVAIT, SI VIEILLESSE POUVAIT	2
LE VICOMTE DE BÉZIERS	1

ÉMILE SOUVESTRE

LES ANGES DU FOYER	1
AU BORD DU LAC	1
AU COIN DU FEU	1
CAUSERIES HISTORIQUES ET LITTÉRAIRES	3
CHRONIQUES DE LA MER	1
LES CLAIRIÈRES	1
CONFESSIONS D'UN OUVRIER	1
CONTES ET NOUVELLES	1
DANS LA PRAIRIE	1
LES DERNIERS BRETONS	2
LES DERNIERS PAYSANS	1
DEUX MISÈRES	1
LES DRAMES PARISIENS	1
L'ÉCHELLE DE FEMMES	1
EN FAMILLE	1
EN QUARANTAINE	1
LE FOYER BRETON	2
LA GOUTTE D'EAU	1
HISTOIRES D'AUTREFOIS	1
L'HOMME ET L'ARGENT	1
LA LUNE DE MIEL	1
LE MAT DE COCAGNE	1
LE MÉMORIAL DE FAMILLE	1
LE MENDIANT DE SAINT-ROCH	1
LE MONDE TEL QU'IL SERA	1
LE PASTEUR D'HOMMES	1
LES PÉCHÉS DE JEUNESSE	1
PENDANT LA MOISSON	1
UN PHILOSOPHE SOUS LES TOITS	1
PIERRE ET JEAN	1
RÉCITS ET SOUVENIRS	1
LES RÉPROUVÉS ET LES ÉLUS	2
RICHE ET PAUVRE	1
SCÈNES DE LA CHOUANNERIE	1
SCÈNES DE LA VIE INTIME	1
SCÈNES ET RÉCITS DES ALPES	1
LES SOIRÉES DE MEUDON	1
SOUS LA TONNELLE	1
SOUS LES FILETS	1
SOUS LES OMBRAGES	1
SOUVENIRS D'UN BAS-BRETON	2
SOUVENIRS D'UN VIEILLARD, la dernière étape	1
SUR LA PELOUSE	1
THÉATRE DE LA JEUNESSE	1
TROIS FEMMES	1

MARIE SOUVESTRE

PAUL FERROLL, traduit de l'anglais	1

DANIEL STAUBEN

SCÈNES DE LA VIE JUIVE EN ALSACE	1

DE STENDHAL (H. BEYLE) vol.

DE L'AMOUR 1
CHRONIQUES ET NOUVELLES 1
LA CHARTREUSE DE PARME 1
CHRONIQUES ITALIENNES 1
MÉMOIRES D'UN TOURISTE 2
PROMENADES DANS ROME 2
LE ROUGE ET LE NOIR 1
VIE DE ROSSINI 1

EUGÈNE SUE

ADÈLE VERNEUIL 1
LA BONNE AVENTURE 2
CLÉMENCE HERVÉ 1
LES FILS DE FAMILLE 3
GILBERT ET GILBERTE 3
LA GRANDE DAME 1
LES SECRETS DE L'OREILLER 3
LES SEPT PÉCHÉS CAPITAUX 6
  L'ORGUEIL 2
  L'ENVIE. — LA COLÈRE 2
  LA LUXURE. — LA PARESSE 1
  L'AVARICE. — LA GOURMANDISE . . . 1

Mme DE SURVILLE

BALZAC, SA VIE ET SES ŒUVRES 1

FRANÇOIS TALON

LES MARIAGES MANQUÉS 1

E. TEXIER

AMOUR ET FINANCE 1

WILLIAM THACKERAY

Traduction W. Hugues.

LES MÉMOIRES D'UN VALET DE PIED . . 1

LOUIS ULBACH vol.

L'HOMME AUX CINQ LOUIS D'OR 1
LES SECRETS DU DIABLE 1
SUZANNE DUCHEMIN 1
LA VOIX DU SANG . . . . , ... 1

JULES DE WAILLY FILS

SCÈNES DE LA VIE DE FAMILLE 1

OSCAR DE VALLÉE

LES MANIEURS D'ARGENT 1

VALOIS DE FORVILLE

LE COMTE DE SAINT-POL 1
LE CONSCRIT DE L'AN VIII 1
LE MARQUIS DE PAZAVAL 1

MAX VALREY

LES FILLES SANS DOT 1
MARTHE DE MONBRUN 1

V. VERNEUIL

MES AVENTURES AU SÉNÉGAL 1

LE DOCTEUR L. VÉRON

CINQ CENT MILLE FRANCS DE RENTE . . 1
MÉMOIRES D'UN BOURGEOIS DE PARIS. 5

FRANCIS WEY

LES ANGLAIS CHEZ EUX 1
LONDRES IL Y A CENT ANS 1

BIBLIOTHÈQUE DES VOYAGEURS

1 FRANC LE VOLUME

Jolis volumes format in-32, papier vélin.

ÉMILE AUGIER	vol.
LES PARIÉTAIRES, poésies	1
THÉODORE DE BANVILLE	
ODELETTES	1
LES PAUVRES SALTIMBANQUES	1
LA VIE D'UNE COMÉDIENNE	1
CHARLES DE BERNARD	
LE PARATONNERRE	1
HENRI CONSCIENCE	
LE CONSCRIT	1
CHARLES DESMAZE	
MAURICE QUENTIN DE LA TOUR, peintre du roi Louis XV	1
ALEXANDRE DUMAS FILS	
CE QUE L'ON VOIT TOUS LES JOURS	1
A. DE LAMARTINE	
LES VISIONS	1
ALFRED DE LÉRIS	
MES VIEUX AMIS	1
TROIS NOUVELLES ET UN CONTE	1
ALBERT LHERMITE	
UN SCEPTIQUE S'IL VOUS PLAÎT	1
Mme MANNOURY-LACOUR	vol.
ASPHODÈLES	1
SOLITUDES. — 2e *édition*	1
MÉRY	
ANGLAIS ET CHINOIS	1
HISTOIRE D'UNE COLLINE	1
HENRY MURGER	
BALLADES ET FANTAISIES	1
PROPOS DE VILLE ET PROPOS DE THÉÂTRE	1
F. PONSARD	
HOMÈRE, poème	1
JULES SANDEAU	
LE CHATEAU DE MONTSABREY	1
OLIVIER	1
***	
HISTOIRE PHILOSOPHIQUE, ANECDOTIQUE ET CRITIQUE DE LA CRAVATE ET DU COL	1
***	
PARIS CHEZ MUSARD	1

COLLECTION A 50 CENTIMES LE VOLUME

Format grand in-32, sur beau papier vélin.

UN ASTROLOGUE	vol.
LA COMÈTE ET LE CROISSANT, présages et prophéties sur la Guerre d'Orient	1
GUSTAVE CLAUDIN	
PALSAMBLEU	1
Mme LOUISE COLET	
QUATRE POÈMES COURONNÉS PAR L'ACADÉMIE	1
ALEXANDRE DUMAS	
LA JEUNESSE DE PIERROT, conte de fée	1
MARIE DORVAL	1
HENRY DE LA MADELÈNE	
GERMAIN BARBEBLEUE	1
MÉRY	
LES AMANTS DU VÉSUVE	1
MICHELET	
POLOGNE ET RUSSIE	1
LÉON PAILLET	vol.
VOLEURS ET VOLÉS	1
PETIT-SENN	
BLUETTES ET BOUTADES	1
NESTOR ROQUEPLAN	
LES COULISSES DE L'OPÉRA	1
AURÉLIEN SCHOLL	
CLAUDE LE BORGNE	1
EDMOND TEXIER	
UNE HISTOIRE D'HIER	1
H. DE VILLEMESSANT	
LES CANCANS	1
WARNER	
SCHAMYL, le Prophète du Caucase	1

COLLECTION HETZEL ET LÉVY

1 FRANC LE VOLUME

Jolis volumes format in-32, papier vélin.

ÉMILE AUGIER vol.

THÉATRE COMPLET : La Ciguë.—Gabrielle.—Un Homme de bien. — Philiberte. — L'Aventurière. — Le Joueur de flûte.—Diane. — Ceinture dorée. — La Pierre de touche.—Le Gendre de M. Poirier.— Les Méprises de l'amour.— Les Pariétaires. 6

BAÏSSAC

LES FEMMES DANS LES TEMPS ANCIENS. 1
LES FEMMES DANS LES TEMPS MODERNES. 1

H. DE BALZAC

LES FEMMES 1
MAXIMES ET PENSÉES. 1

A. DE BELLOY

PHYSIONOMIES CONTEMPORAINES . . . 1
PORTRAITS ET SOUVENIRS 1

ALFRED BOUGEARD

LES MORALISTES OUBLIÉS 1

A. DE BRÉHAT

LE CHATEAU DE KERMARIA 1
UN DRAME A CALCUTTA 1
SÉRAPHINA DARISPE. 1

CHAMPFLEURY

M. DE BOISDHYVER. 3

ÉMILE DESCHANEL

LE BIEN QU'ON A DIT DE L'AMOUR. . . 1
LE BIEN ET LE MAL QU'ON A DIT DES ENFANTS. 1
LE BIEN QU'ON A DIT DES FEMMES. . . 1
LES COURTISANES GRECQUES. 1
HISTOIRE DE LA CONVERSATION. . . . 1
LE MAL QU'ON A DIT DE L'AMOUR . . . 1
LE MAL QU'ON A DIT DES FEMMES . . . 1

XAVIER EYMA

EXCENTRICITÉS AMÉRICAINES 1

THÉOPHILE GAUTIER

AVATAR 1
JETTATURA. 1

GŒTHE

Traduction Édouard Grenier.

LE RENARD 1

OLIVIER GOLDSMITH

Traduction Alphonse Esquiros.

VOYAGE D'UN CHINOIS EN ANGLETERRE. 1

LÉON GOZLAN

BALZAC EN PANTOUFLES. 1
LES MAÎTRESSES A PARIS. 1
UNE SOIRÉE DANS L'AUTRE MONDE. . 1

LE COMTE F. DE GRAMMONT vol.

COMMENT ON SE MARIE. 1
COMMENT ON VIENT ET COMMENT ON S'EN VA. 1

CHARLES JOLIET

L'ESPRIT DE DIDEROT. 1

LAURENT JAN

MISANTHROPIE SANS REPENTIR. 1

JULES JANIN

LA COMTESSE D'EGMONT. 1

E. DE LA BÉDOLLIÈRE

HISTOIRE DE LA MODE EN FRANCE. . . 1

LARCHER ET JULLIEN

CE QU'ON A DIT DE LA FIDÉLITÉ ET DE L'INFIDÉLITÉ. 1

HENRY MONNIER

LES BOURGEOIS AUX CHAMPS. 1
COMÉDIES BOURGEOISES. 1
CROQUIS A LA PLUME. 1
GALERIE D'ORIGINAUX 1
LES PETITES GENS 1
SCÈNES PARISIENNES. 1

CHARLES MONSELET

LA CUISINIÈRE POÉTIQUE. 1
LE MUSÉE SECRET DE PARIS 1

ALFRED DE MUSSET

Mlle MIMI PINSON. 1
VOYAGE OU IL VOUS PLAIRA 1

EUGÈNE NOEL

RABELAIS. 1
LA VIE DES FLEURS ET DES FRUITS . . 1

LOUIS RATISBONNE

AU PRINTEMPS DE LA VIE. 1

P. J. STAHL

DE L'AMOUR ET DE LA JALOUSIE. . . . 1
LES BIJOUX PARLANTS. 1
L'ESPRIT DES FEMMES ET LES FEMMES D'ESPRIT. 1
L'ESPRIT DE VOLTAIRE. 1
HISTOIRE D'UN PRINCE ET D'UNE PRINCESSE, souvenirs de Spa. 1

LOUIS ULBACH

L'HOMME AUX CINQ LOUIS D'OR 2

SCÈNES DU JEUNE AGE

Par Mme SOPHIE GAY, illustrées de 12 belles gravures exécutées avec le plus grand soin. —1 vol. grand in-8 de plus de 300 pages. Prix : 6 fr.—Id., gravures coloriées : 8 fr. — Relié en toile mosaïque, riche plaque, tranche dorée : 10 fr.—Relié en demi-chagrin, plats en toile, tranche dorée. Prix : 10 fr.

LES AVENTURES DU CHEVALIER JAUFFRE ET DE LA BELLE BRUNISSENDE

Par MARY LAFON, ouvrage splendidement illustré de 20 gravures sur bois tirées à part et dessinées par GUSTAVE DORÉ. — 1 vol. grand in-8 jésus, papier glacé satiné. Prix : 7 fr. 50.—Relié en toile mosaïque, riche plaque, tranche dorée : 12 fr. — Relié en demi-chagrin, plats en toile, tranche dorée. Prix : 12 fr.

LE BOIS DE BOULOGNE

Par E. GOURDON. Magnifique volume in-8, illustré de 16 gravures hors-texte, par E. MORIN. Prix : 10 fr. — Relié, doré sur tranche. Prix : 15 fr.

LA CHASSE AU LION

Par JULES GÉRARD (*le Tueur de lions*). Ornée de 11 belles gravures et d'un portrait dessinés par GUSTAVE DORÉ. — 1 vol. grand in-8 jésus. Prix, broché : 7 fr. 50. — Relié en toile mosaïque, riche plaque spéciale, tranche dorée : 12 fr. — Relié en demi-chagrin, plats toile, tranche dorée. Prix : 12 fr.

CONTES D'UNE VIEILLE FILLE A SES NEVEUX

Par Mme ÉMILE DE GIRARDIN. Illustrés de 14 belles gravures. — 1 vol. grand in-8 de plus de 300 pages. Prix, broché : 6 fr. — Id. avec gravures coloriées : 8 fr. — Relié en toile mosaïque, riche plaque, tranche dorée : 10 fr. — Relié demi-chagrin, plats en toile, tranche dorée. Prix : 10 fr.

FIERABRAS

Par MARY LAFON. Ouvrage imprimé avec le plus grand soin, illustré de 12 gravures sur bois tirées hors texte, dessinées par GUSTAVE DORÉ, et gravées par des artistes anglais. — 1 volume grand in-8 jésus, papier de choix, glacé et satiné. Prix, broché : 7 fr. 50 c. — Relié demi-chagrin, plats en toile, tranche dorée. Prix : 12 fr.

LE ROYAUME DES ENFANTS, SCÈNES DE LA VIE DE FAMILLE

Par Mme MOLINOS-LAFFITTE. Illustré de 12 belles gravures par FATH. — Un volume grand in-8 de plus de 300 pages. Prix : 6 fr. — Id. avec gravures coloriées : 8 fr. —Relié en toile mosaïque, riche plaque, tranche dorée : 10 fr.— Relié demi-chagrin, plats en toile, tranche dorée. Prix : 10 fr.

LA DAME DE BOURBON

Par MARY LAFON. — 1 volume grand in-16, illustré de 45 dessins. — Prix : 5 fr.

NADAR JURY AU SALON DE 1857

1,000 COMPTES RENDUS. — 150 DESSINS. — **Prix : 1 fr.**

ALBUMS COMIQUES DE CHAM

Chaque Album, avec une jolie couverture gravée, contient 60 dessins d'Actualités.

Prix de chaque Album : 1 franc.

Salmigondis. — Macédoine. — Salon de 1857. — En Vacances. — Saison des Eaux. — Nouvelles pochades. — Croquis de printemps. — Ces bons Chinois. — Les Charges parisiennes. — Cours de géométrie. — Nouvelles fariboles. — Souvenirs comiques — Chasses et courses. — Les Kaiserlicks. — Olla Podrida. — Emotions de chasse. — L'Age d'argent. — Paris s'amuse. — Folies parisiennes. — Un peu de tout. — Fariboles. — Parisiens et Parisiennes. — Croquis variés. — L'Arithmétique illustrée. — Paris l'hiver. — Croquis d'automne. — Ces bons Parisiens. — Nouveaux Croquis de chasse. — Revue du Salon. — Bourse illustrée. — Bal masqué. — Calendrier. — Croquis militaires. — Les Chinoiseries. — Encore un Album. — Promenade à l'Exposition. — Paris l'été. — Leçons de civilité. — Les Français en Chine. — Ces jolis messieurs et ces charmantes petites dames.

LES GRANDES USINES DE FRANCE

Par TURGAN. — *Les grandes Usines de France* paraissent en livraisons de 16 pages grand in-8, ornées de belles gravures et de dessins explicatifs, contenant, imprimée avec luxe sur beau papier satiné, l'histoire et la description d'une des grandes usines de France, ainsi que l'explication détaillée de l'industrie qu'elle représente.

Le 1er VOLUME, entièrement terminé et broché, renfermant 82 belles gravures, comprend :

LES GOBELINS (3 livraisons). — 1re partie : Histoire. 2e partie : Teinture. — 3e partie : Tapisserie et Tapis.

LES MOULINS DE SAINT-MAUR (1 livraison).

L'IMPRIMERIE IMPÉRIALE (4 livraisons). — Fabrication des caractères, gravure, fonderie, presses, etc.

L'USINE DES BOUGIES DE CLICHY (1 livraison). — Fonderie de suif, stéarinerie, savonnerie, bougie décorée.

LA PAPETERIE D'ESSONNE (4 livraisons). — Historique, commerce de chiffons, triage, lessivage, blanchiment, délilage, raffinage, collage, machines.

SÈVRES (4 liv.). — Historique, poteries anciennes, faïences, origines de la porcelaine en Chine et en France, matières premières, fabrication, encastage, fours, décoration.

L'ORFÉVRERIE CHRISTOFLE (3 livraisons). — Historique, argenture, dorure, galvanoplastie, orfévrerie, bronze d'aluminium.

On recevra ce volume broché *franco*, par la poste, en envoyant un mandat de 12 fr. — Relié avec tranche dorée : 17 francs.

Les 20 livraisons devant former la deuxième série contiendront, entre autres publications intéressantes : les établissements Derosne et Cail, — la Monnaie, — Saint-Gobain, — la Poudrerie du Bouchet, — la Manufacture des Tabacs, — Savonneries, Fonderies, Filatures, Fermes modèles, etc., etc.

Prix d'une livraison : 60 centimes.

En envoyant 12 francs, soit en un mandat, soit en timbres, on recevra *franco*, en France et en Algérie, les 20 livraisons composant cette deuxième série, au fur et à mesure de la publication ; avec la vingtième livraison, il sera adressé aux abonnés un titre et une couverture, servant à réunir les livraisons en un magnifique volume.

La 30me livraison (16me du 2me volume) est en vente.

OEUVRES NOUVELLES DE GAVARNI

10 MAGNIFIQUES ALBUM IN-FOLIO LITHOGRAPHIÉS IMPRIMÉS AVEC LE PLUS GRAND SOIN PAR LEMERCIER

I.	— LES PARTAGEUSES, 40 lithographies. — Broché	16	22 fr.
	Reliure toile mosaïque, riche plaque, tranche dorée	6	
II.	— LES MARIS ME FONT TOUJOURS RIRE, 30 lithographies	12	18 fr.
	Reliure toile mosaïque, riche plaque, tranche dorée	6	
III.	— LES LORETTES VIEILLIES, 30 lithographies. — Broché	12	18 fr.
	Reliure toile mosaïque, riche plaque, tranche dorée	6	
IV.	— LES INVALIDES DU SENTIMENT, 30 lithographies	12	18 fr.
	Reliure toile mosaïque, riche plaque, tranche dorée	6	
V.	— HISTOIRE DE POLITIQUER, 30 lithographies. — Broché	12	18 fr.
	Reliure toile mosaïque, riche plaque, tranche dorée	6	
VI.	— LES PARENTS TERRIBLES, 20 lithographies. — Broché	8	18 fr.
	PIANO, 10 lithographies. — Broché	4	
	Reliure toile mosaïque, riche plaque, tranche dorée	6	
VII.	— LES BOHÊMES, 20 lithographies. — Broché	8	18 fr.
	ÉTUDES D'ANDROGYNES, 10 lithographies. — Broché	4	
	Reliure toile mosaïque, riche plaque, tranche dorée	6	
VIII.	— LES ANGLAIS CHEZ EUX, 20 lithographies. — Broché	8	18 fr.
	MANIÈRE DE VOIR DES VOYAGEURS, 10 lithographies	4	
	Reliure toile mosaïque, riche plaque, tranche dorée	6	
IX.	— LES PROPOS DE THOMAS VIRELOQUE, 20 lithog. — Broché	8	22 fr.
	HISTOIRE D'EN DIRE DEUX, 10 lithographies. — Broché	4	
	LES PETITS MORDENT, 10 lithographies. — Broché	4	
	Reliure toile mosaïque, riche plaque, tranche dorée	6	
X.	— LE MANTEAU D'ARLEQUIN, 10 lithographies. — Broché	4	18 fr.
	LA FOIRE AUX AMOURS, 10 lithographies. — Broché	4	
	L'ÉCOLE DES PIERROTS, 10 lithographies. — Broché	4	
	Reliure toile mosaïque, riche plaque, tranche dorée	6	

CE QUI SE FAIT DANS LES MEILLEURES SOCIÉTÉS, 10 lithograph. — Brochés. 4 fr.

MESSIEURS DU FEUILLETON, 9 lithographies . . . . . 4 fr.

Outre les séries ci-dessus réunies comme reliure, chaque album broché, de 10 lithographies se vend séparément 4 fr.

CHANSONS POPULAIRES DES PROVINCES DE FRANCE

Notice par **CHAMPFLEURY**, avec accompagnement de piano par **J.-B. WEKERLIN**. — Illustrations par MM. **BIDA, BRAQUEMOND, CATENACCI, COURBET, FAIVRE, FLAMENG, FRANÇAIS, FATH, HANOTEAU, CH. JACQUE, ED. MORIN, M. SAND, STAAL, VILLEVIEILLE.**

Un Magnifique volume grand in-4, illustré. — **Prix : 12 fr.**

Les Chansons populaires des Provinces de la France sont divisées en trente livraisons, dont chacune forme un tout complet et contient les chansons d'une province, elles se vendent séparément.

Prix de chaque livraison : 50 centimes.

1re *liv.* PICARDIE. — La Belle est au jardin d'amour. — La Ballade de Jésus-Christ. — Le Bouquet de ma mie.

2e *liv.* FLANDRE. — La Fête de Sainte-Anne. — Le Hareng-saur. — Le Messager d'amour.

3e *liv.* ALSACE. — Le Jardin. — Le Diablotin. — La Chanson du hanneton.

4e *liv.* LANGUEDOC. — Romance de Clotilde. — Joli Dragon. — Dans un jardin couvert de fleurs.

5e *liv.* NORMANDIE. — En revenant des noces. — Le Moulin. — Ronde du pays de Caux.

6e *liv.* BOURGOGNE. — J'avais un' ros' nouvelle. — Eho ! Eho ! Eho ! — Voici venu le mois des fleurs.

7e *liv.* BERRY. — — La voila, la jolie coupe. — J'ai demandé-z-à la vieille. — Petit soldat de guerre.

8e *liv.* GUYENNE et GASCOGNE. — Michaut veillait. — La Fille du président. — Dès le matin.

9e *liv.* AUVERGNE. — Bourrées de Chap-des-Beaufort. — Quand Marion s'en va-t-à l'ou. — Bourrée d'Ambert.

10e *liv.* SAINTONGE, ANGOUMOIS et PAYS D'AUNIS. — La Femme du roulier. La petite Rosette. — La Maîtress' du roi céans.

11e *liv.* FRANCHE-COMTÉ. — Au bois rossignolet. — Les trois princesses. — Paysan, donn'-moi ta fille.

12e *liv.* BOURBONNAIS. — Mon père a fait bâtir Château. — Jolie fille de la garde. — Derrièr' chez nous.

13e *liv.* BÉARN. — Belle, quelle souffrance — Pauvre brebis. — Cantique antounat par Jeanne d'Albret.

14e *liv.* POITOU. — Nous somm's venus vous voir. — La v'nu' du mois de mai. — C'est aujourd'hui la foire.

15e *liv.* TOURAINE, MAINE et PERCHE. — La verdi, la verdon. — La Violette. — Su' l'pont du nord.

16e *liv.* NIVERNAIS. — Lorsque j'étais petite. — Quand j'étais vers chez mon père. — J'étions trois capitaines.

17e *liv.* LIMOUSIN et MARCHE. — Pourquoi me faire ainsi la mine ? — Les scieurs de long. — Quoiqu'en Auvergne.

18e *liv.* ANJOU. — Nous sommes trois souverains princes. — La chanson du Rémouleur. — N'y a rien d'aussi charmant.

19e *liv.* DAUPHINÉ. — J'entends chanter ma mie. — La Pernette. — La Fille du général de France.

20e *liv.* BRETAGNE. — A Nant's, à Nant's est arrivé. — Rossignolet des bois. — Ronde des filles de Quimperlé.

21e *liv.* LORRAINE. — J'y ai planté rosier. — Mon père m'envoie-t-à l'herbe. — Le Rosier d'argent.

22e *liv.* LYONNAIS. — Belle, allons nous épromener. — Nous étions dix filles dans un pré. — Pingo les noix.

23e *liv.* ORLÉANAIS. — Les Filles de Cernois. — Le Piocheur de terre. — Les Cloches.

24e *liv.* PROVENCE et COMTAT D'AVIGNON. — Sur la montagne, ma mère. — Sirvente contre Guy. — Bonhomme, bonhomme.

25e *liv.* ILE DE FRANCE. — Germine. — Chanson de l'aveine. — Si le roi m'avait donné.

26e *liv.* ROUSSILLON. — J'ai tant pleuré. — Le changement de garnison. — En revenant de Saint-Alban.

27e *liv.* CHAMPAGNE. — Cécilia. — Sur le bord de l'île. — C'est le jour du gigotiau.

28e et 29e *liv.* PRÉFACE

30e *liv.* TITRE, FRONTISPICE, TABLES et COUVERTURE.

GÉOGRAPHIE NOUVELLE

Par SAGANSAN, Géographe de S. M. l'Empereur et de l'Administration des Postes

CARTE DES ÉTATS DE L'EUROPE ET DES PAYS CIRCONVOISINS

Indiquant les Chemins de fer, les principales Routes, les subdivisions des Etats et les Colonies militaires russes. — Deux feuilles grand-monde coloriées. Prix : 10 fr. — Collée sur toile, en étui : 14 fr. — Collée sur toile, à baguettes. **Prix : 17 fr.**

CARTE DES POSTES DE L'EMPIRE FRANÇAIS

Indiquant : Chemins de fer avec les Stations, Routes, Chemins de grande communication, Canaux, Rivières, Bureaux de poste, Relais avec les distances intermédiaires en chiffres. — Deux feuilles grand-monde. Prix : 6 fr. — Collée sur toile, en étui : 10 fr. — Collée sur toile, à baguettes. **Prix : 14 fr.**

CARTE DES CHEMINS DE FER

ET AUTRES VOIES DE COMMUNICATION DE L'EMPIRE FRANÇAIS

Adoptée par les Compagnies de chemins de fer et agréée par Son Excellence le maréchal de France ministre de la guerre, pour servir aux transports de la guerre. — Double feuille grand-monde. Prix : 6 fr. — Collée sur toile, en étui : 10 fr. — Collée sur toile, à baguettes. **Prix : 14 fr.**

PETITE CARTE DES CHEMINS DE FER

ET DES VOIES NAVIGABLES DE L'EMPIRE FRANÇAIS

Prix : 2 fr.

PLAN DE PARIS

Comprenant l'ancien Paris et les communes ou portions de communes annexées. (Loi du 16 juin 1860). — Prix en feuille, avec livret : 4 fr. — Cartonné : 5 fr. — Entoilé, avec étui : 7 fr. — Sur rouleaux : **Prix : 11 fr.**

CARTE DES CHEMINS DE FER

ET DE LA TÉLÉGRAPHIE ÉLECTRIQUE DE L'EMPIRE FRANÇAIS

Indiquant le nom de toutes les stations et les bureaux télégraphiques avec le prix de chaque dépêche. — Une feuille coloriée. **Prix : 2 fr.**

L'EUROPE DE 1760 A 1860

Carte figurative et chronologique des acquisitions et mutations territoriales faites par les cinq grandes puissances, et accompagnée d'une légende indiquant la date et l'origine des possessions coloniales. **Prix : 1 fr.**

MUSÉE LITTÉRAIRE CONTEMPORAIN

CHOIX DES MEILLEURS OUVRAGES DES AUTEURS MODERNES

10 Centimes la Livraison. — Format in-4° à 2 colonnes

ROGER DE BEAUVOIR

Titre		fr. c.
LE CHEVALIER DE ST-GEORGES	1 vol.	» 90
LE CHEVALIER DE CHARNY	—	» 90

CHARLES DE BERNARD

Titre		fr. c.
UN ACTE DE VERTU ET LA PEINE DU TALION	—	» 50
L'ANNEAU D'ARGENT	—	» 30
UNE AVENTURE DE MAGISTRAT	—	» 30
LA CINQUANTAINE	—	» 50
LA FEMME DE QUARANTE ANS	—	» 30
LE GENDRE	—	» 50
L'INNOCENCE D'UN FORÇAT	—	» 30

CHAMPFLEURY

Titre		fr. c.
LES GRANDS HOMMES DU RUISSEAU	—	» 60

ALEXANDRE DUMAS

Titre		fr. c.
ACTÉ	—	» 90
AMAURY	—	» 90
ANGE PITOU	—	1 80
ASCANIO	—	1 50
LE BATARD DE MAULÉON	—	2 »
LE CAPITAINE PAUL	—	» 70
LE CAPITAINE RICHARD	—	» 90
CATHERINE BLUM	—	» 70
CAUSERIES.—LES TROIS DAMES	—	1 30
CÉCILE	—	» 90
CHARLES LE TÉMÉRAIRE	—	1 50
LE CHATEAU D'EPPSTEIN	—	1 50
LE CHEVALIER D'HARMENTAL	—	1 50
LE CHEVALIER DE MAISON-ROUGE	—	1 50
LE COLLIER DE LA REINE	—	2 50
LA COLOMBE. — MURAT	—	» 50
LES COMPAGNONS DE JÉHU	—	1 80
LE COMTE DE MONTE-CRISTO	—	4 »
LA COMTESSE DE CHARNY	—	4 50
LA COMTESSE DE SALISBURY	—	1 50
CONSCIENCE L'INNOCENT	—	1 30
LA DAME DE MONSOREAU	—	2 50
LES DEUX DIANE	—	2 20
LES DRAMES DE LA MER	—	» 70
LA FEMME AU COLLIER DE VELOURS	—	» 70
FERNANDE	—	» 90
UNE FILLE DU RÉGENT	—	» 90
LES FRÈRES CORSES	—	» 60
GABRIEL LAMBERT	—	» 70
GAULE ET FRANCE	—	» 90
GEORGES	—	» 90
LA GUERRE DES FEMMES	—	1 56
L'HOROSCOPE	—	» 90
IMPRESSIONS DE VOYAGE.		
UNE ANNÉE A FLORENCE	—	» 90
L'ARABIE HEUREUSE	—	2 10

ALEXANDRE DUMAS (*Suite*)

Titre		fr. c.
LES BALEINIERS	1 vol.	1 30
LES BORDS DU RHIN	—	1 30
LE CAPITAINE ARÉNA	—	» 90
LE CORRICOLO	—	1 65
DE PARIS A CADIX	—	1 65
EN SUISSE	—	2 20
UN GIL-BLAS EN CALIFORNIE	—	» 70
LE MIDI DE LA FRANCE	—	1 30
QUINZE JOURS AU SINAÏ	—	» 90
LE SPÉRONARE	—	1 50
LE VÉLOCE	—	1 65
LA VIE AU DÉSERT	—	1 30
LA VILLA PALMIERI	—	» 90
INGÉNUE	—	1 80
ISABEL DE BAVIÈRE	—	1 30
JEANNE LA PUCELLE	—	» 90
LA JEUNESSE DE Mme DU DEFFAND	—	2 »
LES LOUVES DE MACHECOUL	—	2 50
LA MAISON DE GLACE	—	1 50
LE MAITRE D'ARMES	—	» 90
LES MARIAGES DU PÈRE OLIFUS	—	» 70
LES MÉDICIS	—	» 70
MÉMOIRES DE GARIBALDI. (Complet)	—	1 30
1re *série*. (Séparément)	—	» 70
2e *série*. (—)	—	» 70
MÉMOIRES D'UN MÉDECIN — JOSEPH BALSAMO —	—	4 »
LES MILLE ET UN FANTÔMES	—	» 70
LES MORTS VONT VITE	—	1 50
NOUVELLES	—	» 50
OLYMPE DE CLÈVES	—	2 60
OTHON L'ARCHER	—	» 50
PASCAL BRUNO	—	» 50
LE PASTEUR D'ASHBOURN	—	1 80
PAULINE	—	» 50
LE PÈRE GIGOGNE	—	1 50
LE PÈRE LA RUINE	—	» 90
LES QUARANTE-CINQ	—	2 50
LA REINE MARGOT	—	1 65
LA ROUTE DE VARENNES	—	» 70
EL SALTÉADOR	—	» 70
SOUVENIRS D'ANTONY	—	» 90
SYLVANDIRE	—	» 90
LE TESTAMENT DE M. CHAUVELIN	—	» 70
LES TROIS MOUSQUETAIRES	—	1 65
LA TULIPE NOIRE	—	» 90
LE VICOMTE DE BRAGELONNE	—	4 75
UNE VIE D'ARTISTE	—	» 70
VINGT ANS APRÈS	—	2 20

ALEXANDRE DUMAS FILS

Titre		fr. c.
CÉSARINE	—	» 50
LA DAME AUX CAMÉLIAS	—	» 90
UN PAQUET DE LETTRES	—	» 50
LE PRIX DE PIGEONS	—	» 50

PAUL FÉVAL — fr. c.

LES AMOURS DE PARIS. . . . . 1 vol. 1 50
LE BOSSU OU LE PETIT PARISIEN — 2 50
LE FILS DU DIABLE . . . . . . — 3 »
LES MYSTÈRES DE LONDRES. . — 3 »
LE TUEUR DE TIGRES. . . . . — » 70

THÉOPHILE GAUTIER

CONSTANTINOPLE . . . . — » 90

Mme ÉMILE DE GIRARDIN

MARGUERITE OU DEUX AMOURS — » 90

LÉON GOZLAN

LE MÉDECIN DU PECQ . . . . . — » 90
LES NUITS DU PÈRE-LACHAISE. — » 90

CHARLES HUGO

LA BOHÈME DORÉE. . . . . . — 1 50

ALPHONSE KARR

FORT EN THÈME . . . . — » 70
LA PÉNÉLOPE NORMANDE. . . — » 90
SOUS LES TILLEULS. . . . . . — » 90

A. DE LAMARTINE

LES CONFIDENCES . . . . . . — » 90
L'ENFANCE. . . . . — » 50
GENEVIÈVE, histoire d'une Servante . . . . — » 70
GRAZIELLA . . . . — » 60
HISTOIRE ET POÉSIE. . . . . . — » 50
LA JEUNESSE . . . . — » 60
RÉGINA. . . . . — » 50
LA VIE DE FAMILLE. . . . . . — » 50

LE DOCTEUR FÉLIX MAYNARD

L'INSURRECTION HINDOUE. — De Delhi à Cawnpore. . . . — » 70

MÉRY

UN ACTE DE DÉSESPOIR . . . . — » 50
LE BONHEUR D'UN MILLIONNAIRE. . . . . — » 50
LE CHATEAU DES TROIS TOURS. — » 70
LE CHATEAU D'UDOLPHE. . . . — » 50
UNE CONSPIRATION AU LOUVRE. — » 70
LE DIAMANT A MILLE FACETTES — » 60
LA FLORIDE . . . . — » 70
HÉVA . . . . — » 50
LES NUITS ANGLAISES . . . . . — » 90
LES NUITS ITALIENNES. . . . . — » 90
LES NUITS SINISTRES. . . . . . — » 50
SIMPLE HISTOIRE . . . . — » 75

HENRY MURGER

LES AMOURS D'OLIVIER . . . . — » 30
LE BONHOMME JADIS . . . . . — » 30
MADAME OLYMPE. . . . . — » 50
LA MAITRESSE AUX MAINS ROUGES — » 50
LE MANCHON DE FRANCINE . . — » 30
SCÈNES DE LA VIE DE BOHÊME. — » 90
LE SOUPER DES FUNÉRAILLES. — » 50

JULES SANDEAU

SACS ET PARCHEMINS. . . . . . — » 90

EUGÈNE SCRIBE.

CARLO BROSCHI. . . . . — » 50
JUDITH OU LA LOGE D'OPÉRA. — » 30
LA MAITRESSE ANONYME. . . . — » 30
PROVERBES . . . . — » 70

ALBÉRIC SECOND — fr. c.

LA JEUNESSE DORÉE. . . . . . 1 vol. » 50

FRÉDÉRIC SOULIÉ

AU JOUR LE JOUR . . . . — » 70
LES AVENTURES DE SATURNIN FICHET . . . . — 1 30
LE BANANIER . . . . — » 50
LA COMTESSE DE MONRION . . — » 70
CONFESSION GÉNÉRALE. . . . — 1 80
LES DEUX CADAVRES. . . . . . — » 70
LES DRAMES INCONNUS . . . . — 2 50
LA MAISON N° 3, RUE DE PROVENCE. . . . . — » 70
LES AVENTURES D'UN CADET DE FAMILLE. . . . . — » 70
LES AMOURS DE VICTOR BONSENNE . . . . — » 70
OLIVIER DUHAMEL. . . . . . — » 70
EULALIE PONTOIS . . . . — » 30
LES FORGERONS. . . . . — » 50
HUIT JOURS AU CHATEAU . . . — » 70
LE LION AMOUREUX . . . . . . — » 30
LA LIONNE. . . . . — » 70
LE MAITRE D'ÉCOLE . . . . . . — » 30
MARGUERITE. . . . . — » 50
LES MÉMOIRES DU DIABLE. . . — 2 »
LES QUATRE NAPOLITAINES . . — 1 30
LES QUATRE SŒURS . . . . . . — » 50
SI JEUNESSE SAVAIT, SI VIEILLESSE POUVAIT . . . . — 1 50
LE VEAU D'OR . . . . — 2 40

ÉMILE SOUVESTRE

DEUX MISÈRES. . . . . — » 90
L'HOMME ET L'ARGENT. . . . . — » 70
PIERRE LANDAIS . . . . — » 50
LES RÉPROUVÉS ET LES ÉLUS. . — 1 50
SOUVENIRS D'UN BAS-BRETON. — 1 50

EUGÈNE SUE

LES SEPT PÉCHÉS CAPITAUX. . — 5 »
L'ORGUEIL. . . . . — 1 50
L'ENVIE. . . . . — » 90
LA COLÈRE. . . . . — » 70
LA LUXURE . . . . — » 70
LA PARESSE. . . . . — » 50
L'AVARICE. . . . . — » 50
LA GOURMANDISE. . . . . . . — » 50
LES ENFANTS DE L'AMOUR. . . — » 90
LA BONNE AVENTURE . . . . . — 1 50
GILBERT ET GILBERTE. . . . . — 2 70
LE DIABLE MÉDECIN. . . . . . — 2 70
LA FEMME SÉPARÉE DE CORPS ET DE BIENS. . . — » 90
LA GRANDE DAME. . . . . . . — » 50
LA LORETTE. . . . . — » 30
LA FEMME DE LETTRES. . . . — » 90
LA BELLE FILLE. . . . . . . — » 50
LES MÉMOIRES D'UN MARI. . . — 2 70
UN MARIAGE DE CONVENANCES — 1 50
UN MARIAGE D'ARGENT . . . — » 90
UN MARIAGE D'INCLINATION. — » 50
LES SECRETS DE L'OREILLER. . — 2 40
LES FILS DE FAMILLE. . . . . — 2 70

VALOIS DE FORVILLE

LE CONSCRIT DE L'AN VIII. . . — » 90

BROCHURES DIVERSES

ÉMILE AUGIER	fr. c.
DISCOURS DE RÉCEPTION A L'ACADÉMIE FRANÇAISE	1 »

LOUIS BLANC

APPEL AUX HONNÊTES GENS. . . . 1 »
LA RÉVOLUTION DE FÉVRIER AU LUXEMBOURG. . . . . 1 »

HENRI BLAZE DE BURY

M. LE COMTE DE CHAMBORD, UN MOIS A VENISE. . . . . 1 »

BONNAL

ABOLITION DU PROLÉTARIAT. . . . 1 »
LA FORCE ET L'IDÉE. . . . . 1 »

G. BOULLAY

RÉORGANISATION ADMINISTRATIVE. 1 »

L. COUTURE

DU GOUVERNEMENT HÉRÉDITAIRE EN FRANCE et des trois partis qui s'y rattachent. 1 50

CHARLES DIDIER

QUESTION SICILIENNE . . . . 1 »
UNE VISITE A M. LE DUC DE BORDEAUX. . . . . 1 »

ERNEST DESJARDINS

NOTICE SUR LE MUSÉE NAPOLÉON III ET PROMENADE DANS LES GALERIES. » 50

DUFAURE

DU DROIT AU TRAVAIL. . . . . . . » 30

ALEXANDRE DUMAS

RÉVÉLATIONS SUR L'ARRESTATION D'ÉMILE THOMAS. . . . . » 50

ADRIEN DUMONT

LES PRINCIPES DE 1789. 1

LÉON FAUCHER

LE CRÉDIT FONCIER. . . . . » 30
DE L'IMPÔT SUR LE REVENU. . . . » 30

ÉMILE DE GIRARDIN

AVANT LA CONSTITUTION. . . . . . » 50
CONQUÊTE ET NATIONALITÉ. . . . . 1 »
LE DÉSARMEMENT EUROPÉEN. . . . 1 »
DÉSARMEMENT ET MATÉRIALISME. . 1 »
L'EMPEREUR NAPOLÉON III ET LA FRANCE. . . . . 1 »
L'EMPIRE AVEC LA LIBERTÉ. . . . 1 »
L'ÉQUILIBRE EUROPÉEN. . . . . . . 1 »
L'EXPROPRIATION ABOLIE PAR LA DETTE FONCIÈRE CONSOLIDÉE . . . 2 »
LA GUERRE. . . . . 1 »
JOURNAL D'UN JOURNALISTE AU SECRET. . . . . 1 »
LE LIBRE VOTE. . . . . 1 »
L'ORNIÈRE DES RÉVOLUTIONS. . . . . 1 »
SOLUTION DE LA QUESTION D'ORIENT. 2 50
UNITÉ DE RENTE ET UNITÉ D'INTÉRÊT. 2 »

GLADSTONE

DEUX LETTRES au Lord Aberdeen sur les poursuites politiques exercées par le gouvernement napolitain. . . . . 1 »

JULES GOUACHE

LES VIOLONS DE M. MARRAST. . . . » 50

LE COMTE D'HAUSSONVILLE

CONSULTATION DE MM. LES BATONNIERS DE L'ORDRE DES AVOCATS. 1 »
LETTRE AUX BATONNIERS DE L'ORDRE DES AVOCATS . . . . 1 »

LAMARTINE

DU DROIT AU TRAVAIL. . . . . . . » 30
LETTRE AUX DIX DÉPARTEMENTS. . » 30
LA PRÉSIDENCE. . . . . » 30
DU PROJET DE CONSTITUTION. . . . » 30
UNE SEULE CHAMBRE. . . . . » 30

ÉDOUARD LEMOINE

ABDICATION DU ROI LOUIS-PHILIPPE » 50

JOHN LEMOINNE

AFFAIRES DE ROME. . . . . 1 »

A. LEYMARIE

HISTOIRE D'UNE DEMANDE EN AUTORISATION DE JOURNAL, simple question de propriété. . . . . . . 2 »

LE COMTE DE MONTALIVET

LE ROI LOUIS-PHILIPPE ET SA LISTE CIVILE. . . . . » 50

LE BARON DE NERVO

LES FINANCES DE LA FRANCE SOUS LE RÈGNE DE NAPOLÉON III. . . . 1 »

D. NISARD

DISCOURS PRONONCÉ A L'ACADÉMIE FRANÇAISE en réponse au discours de réception de M. Ponsard. . . 1 »

UN PAYSAN CHAMPENOIS

A TIMON, sur son projet de Constitution. . . . . » 50

CASIMIR PÉRIER

LE BUDGET DE 1863 . . . . 1 »
LA RÉFORME FINANCIÈRE DE 1862. 1 »

A. PONROY

LE MARÉCHAL BUGEAUD. . . . . . 1 »

F. PONSARD

DISCOURS DE RÉCEPTION A L'ACADÉMIE FRANÇAISE. . . . . 1 »

PRÉVOST-PARADOL

DE LA LIBERTÉ DES CULTES EN FRANCE. . . . . 1 »
DEUX LETTRES SUR LA RÉFORME DU CODE PÉNAL. . . . . 1 »
DU GOUVERNEMENT PARLEMENTAIRE ET DU DÉCRET DU 24 NOVEMBRE. 1 »

ESPRIT PRIVAT

LE DOIGT DE DIEU. . . . . 1 »

ERNEST RENAN

CATALOGUE DES OBJETS PROVENANT DE LA MISSION DE PHÉNICIE. . . . » 50

SAINT-MARC GIRARDIN

DU DÉCRET DU 24 NOVEMBRE OU DE LA RÉFORME DE LA CONSTITUTION DE 1852. . . . . 1 »

GEORGE SAND & V. BORIE

TRAVAILLEURS ET PROPRIÉTAIRES. 1 »

THIERS

DU CRÉDIT FONCIER . . . . » 30
LE DROIT AU TRAVAIL. . . . . » 30

Paris, Imp. de L. TINTERLIN, rue Neuve-des-Bons-Enfants, 3.

www.ingramcontent.com/pod-product-compliance
Ingram Content Group UK Ltd.
Pitfield, Milton Keynes, MK11 3LW, UK
UKHW020950180726
13838UKWH00003B/1242

9 782329 413792